鴻上尚史の
ほがらか人生相談

息苦しい「世間」を
楽に生きる処方箋

鴻上尚史

朝日新聞出版

鴻上尚史の
ほがらか人生相談

息苦しい「世間」を楽に生きる処方箋

はじめに

この本に集められた相談は、朝日新聞出版から出ている『一冊の本』という月刊誌に連載されたものです。

一回の掲載で３本から４本の相談に答えました。それを、インターネットのAERA dot.（アエラドット）が一週間に一本の割合で紹介しました。

おかげさまで、多くの反響をもらって、こうして一冊の本にすることができました。

これまで７００を超える相談が寄せられて来ていると担当編集者から

聞きました。

『ほがらか人生相談』というタイトルですが、ほがらかなものは少なく、深刻だったり、重かったり、切実《せつじつ》だったりするものが多いです。

なるべく多くの相談に答えたいと思っているのですが、限界がありま す。なので、同じタイプの相談より、さまざまなタイプの相談に答えようとしています。

僕の回答が、あなたの抱える悩みの解決へのヒントやアドバイスになるのなら、こんなに嬉しいことはありません。

鴻上尚史

目次

相談1

夫とは価値観が合わず、毎日一緒《いっしょ》にいたいと思いません。結婚の意味ってなんですか？

40歳・女性　すす

結婚して6年、ふたりの息子にも恵まれて幸せではあります。夫とも日々ぶつかりながらお互いの妥協《だきょう》点を探り、良い関係を築こうと工夫と努力を重ねています。ですので特に離婚したいとはいまは考えていませんが、でもやはり、たまに人として価値観が違いすぎる部分に気付き、戸惑《とまど》います。

どちらが良いでも悪いでもないので、お互いを尊重することが最善ですし、家族という単位が何かと重宝《ちょうほう》されるのがいまの日本社会だとわかっているものの、夫＋妻（＋子供）でいる意味はほかにあるのでしょうか。

正直、毎日一緒に暮らすなら、私は女性と暮らしたいです。うちの夫だけのことなのか、男性全体のことなのかわかりませんが、女性なら言葉もなく通じることが、夫

相手だとことごとく通じません。

夫に悪気《わるぎ》はなく、いたしかたないことと思っていますが、こんなにも違う人間が、ともに生きる意味ってなんなのだろう、と日々考えてしまいます。いまの時点で考えられる理想的なシナリオは、今は保育園児の子供が社会人になって家を離れたら、夫とは週1、2日だけ会う生活です。離婚も別居もしたいわけではありませんが、積極的に毎日一緒にいたいとも思いません。それはお互い様だと思います。積極的に一緒にいたいのは、子供を除くと、私は姉や女友達であって、夫はたまになら楽しく過ごせるかな、というところです。

一緒にいていちばん楽しい相手と結婚できていれば悩む必要のない話です。けれどそうでない私は結婚に意味なんてない、と割り切って考えるのが心にとって平穏なのかもしれないと考えるのです。こんな考えに鴻上さんがなんとお答えになるのか、もしかしたらそれが私の心をもっと平和にしてくれるかも、と思いました。

すすさん。なんてまあ、連載1回目から大胆《だいたん》な質問を。「結婚の意味ってなんですか？」というのは、「幸せってなんですか？」とか「生きる意味ってな

んですか？」と同じぐらいドデカい質問です。

で、後者二つの質問に対しては、すすさんも「そりゃあ、人によって違うよ」と答えるんじゃないでしょうか。何に生きる意味を感じるかは、人によって違うはずで、その人がそれを生きる意味だと思ったらそれでいいんだとか、生きる意味は人に決めてもらうことじゃなくて自分で探すもんだとか、言うんじゃないかと思います。

だって、純粋な目をした若者から「生きる意味ってなんですか？」と聞かれて「生きる意味は～～です」と答えて「私はそれに意味を感じません」なんて返されたら、すすさんも僕もぎゃふんです。

じゃあ、なぜすすさんが「結婚の意味ってなんですか？」と僕に問いかけてるかというと、これはもう、毎日「結婚てなんなの？」と自分に聞いているからですね。

十代の頃、僕は「生きる意味ってなんだろう？」と頻繁《ひんぱん》に自分に問いかけました。すすさんはどうでしたか？　で、僕は今はあんまり問いかけません。それは、「まあ、そんなもんはあるっちゃあるし、ないっちゃないし、思い詰《つ》めたから出てくるってもんでもないし、そんなことより毎日ちゃんと生きることの方が大切だし」なんて思っているからです。

今、すすさんが「結婚の意味ってなんだろう？」と悩むということは、まさに、「結婚人生」の思春期に突入していると、僕は思っています。思春期は悩む時期です。でね、「人生の意味ってなんだろう？」と悩む思春期には、「人生には意味があるはずだ。その意味を見つけたい」という前提《ぜんてい》があったような気がするのです。

時折《ときおり》、シニカルな大人が「人生に意味なんてねーんだよ」なんて言っても、「それは、あの人が見つけられなかっただけで、きっと人生にはちゃんとした意味があるんだ。いや、あるに違いない。あって欲しい。あるべきだ」なんて思っている人が多かったのです。

「〜の意味ってなんだろう？」と問いかける時は、無意識のうちに、「〜にはちゃんとした意味がある」と思い込みがちなのです。逆に言うと、意味があると思い込めるから問いかけるのです。

初めから意味がないと感じるものには、人は問いかけないのです。だって、「歩いていて犬の糞《ふん》を踏む意味ってなんですか？」とか「イヤホンのコードが必ずからまる意味ってなんですか？」なんてことは、意味があるかもしれないけれど、誰も真剣には問いかけません。

すすさんの文章を拝見していると、やはりどこかに「この世の中にはちゃんとした結婚があって、私の結婚はそれとは違っていて、だからどうしていいか分からない」という思いがあるように感じます。

「一緒にいていちばん楽しい相手と結婚できていれば悩む必要のない話です」と書かれてますが、そんな夫婦を僕はもうそろそろ60年ぐらい生きることになりますが、周りで見たことはありません。長く共にいる夫婦の基本感情は「不機嫌《ふきげん》」です。わははは。

いや、もちろん、人によって「不機嫌」が支配的になる時間は違いますよ。でも、考え方も感じ方も育ち方も生き方も違う二匹の動物が、狭《せま》い空間に長期的に生存したら、恋愛感情や好感情が、小さなぶつかりとすれ違いを繰《く》り返しながら、ゆっくりと「不機嫌」に変わっていくのは必然だと僕は思っています。

でも、同時にすすさんは、自分で自分なりの「理想の結婚」を語っています。「子供が社会人になって家を離れたら、夫とは週1、2日だけ会う生活です」

素晴《すば》らしいビジョンじゃないですか。すすさんにとって、それが「理想の結婚」になります。

僕の周りで「不機嫌」に染まっていない夫婦は、システムとして「お互いが一人」の時間をちゃんと作っています。結婚の知恵だと思います。週末だけ一緒にいる夫婦もいれば、同居していても食事は各自が作って、お互いの仕事が忙しい時は、何日も顔を合わさないまま生活する、なんていう夫婦です。

そうすると、逆にお互いの関係はリフレッシュされます。「この人と毎日、長時間顔を合わすのか」と思うとうんざりしますが「一週間に数時間だけ会うのか」と思えば、じつは愛《いと》おしささえ湧《わ》いてくるのです。

問題は二つ。

ひとつは、「結婚人生の思春期」のすすさんが、子供が社会人になるまでの長い時間を待てるかどうか。ただ、やがてそんな時間が来ると思うと、思い詰めた気持ちが軽くなるかもしれません。

もうひとつは、夫もこのプランに乗ってくれるかどうかです。結婚が長くなると、夫は妻の家政婦《かせいふ》的側面を手放したくなくなりますから、ちゃんとその時期までに、夫を少なくとも料理と洗濯の面で自立させることが必要でしょう。「自分はあと何年後には、理想の結婚を実現させるんだ」と、とりあえずの結論を出すのがいいと思います。それが「結婚人生」の思春期を生きる知恵です。で、それが今の人生を快適にすればば正解の答えで、しばらく生活していくうちに納得できなくなったら、また考えましょう。

どっちにしろ、「理想の結婚」なんてのは、その人個人の中にしかないんですから。親とか世間とか義理の親とは関係ないんです。

相談2

個性的な服を着た帰国子女の娘がいじめられそうです。普通の洋服を買うべきですか？

38歳・女性　フォトグラファー

小学校5年の娘がいる母親です。夫も私も写真家で、半年前までの6年間、家族はアメリカに在住していました。娘はおしゃれな夫の影響を受けて洋服に興味があり、ビビッドなカラーのものを好んで着ていましたし、ダンスが好きでその衣装《いしょう》も自分で作ったりするほどおしゃれ好きで活発な女の子でした。

日本に戻るとき、もしかしたらと夫と不安に思っていたのですが、案《あん》の定《じょう》、でした。日本の学校に通うようになって、1カ月半くらいして、悲壮感《ひそうかん》いっぱいの顔で娘が「服を買い替えたい」と訴《うった》えてきたのです。どうやら教室の中心にいるような女の子から「服が派手《はで》すぎない？　誰もそんな色着ないよ」と言われたのをきっかけに、クラスの目が冷たくなっていったようです。最初は「かわいい服だね」と羨《うらや》ましがられ

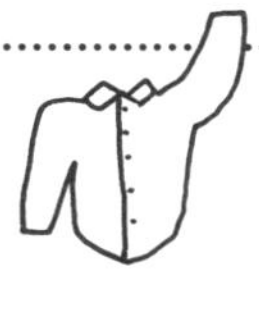

ていたはずなのに、突然、浮いた存在になってしまったのです。

話を聞いた夫は怒った口調で、「人目《ひとめ》なんて気にせずにおまえらしく好きな服を着ていけばいい。同調してつまらない人間になるな」と言いますが、現実を考えれば娘にとって、酷《こく》な言葉ではないでしょうか。私だって、いままでどおり娘に自由に好きな服を着てほしいと思いますが、クラスでいじめにでもあったらと気が気ではありません。

新しい（よくある）服を買ってクラスに馴染《なじ》むようにするのが娘のためなのか、これまで通りの自分をつらぬいて強い気持ちをもつよう諭《さと》すのがためなのか、とても迷っています。鴻上さんのご意見をお聞かせください。

来ましたね。ある意味、僕が『ほがらか人生相談』を始めた理由の質問がいきなり来ました。じつは、こういう質問に答えるために、僕はこの連載を始めたいと思ったのです。
いきなり、身もフタもなく言えば、「みんなが同じになろう」という「同調圧力」は、日本の宿痾《しゅくあ》です。「宿痾」おどろおどろしい漢字ですね。広辞苑《こうじえん》さんによれば

「ながい間なおらない病気」です。

もう少し正確に言うと、「同調圧力の強さ」と「自尊《じそん》意識の低さ」が「宿痾」です。

「自尊意識」とは、自分を大切にし、自分をバカだと思わず、自分が生きていてもいいのかと疑問に思わず、自分の発言に自信がなくて言いたいことが言えないなんてことがない、自分はかけがえのない自分であるという意識です。

で、この二つがいきなり日本人は世界水準で強くて低いです。そうすると、どういうことが起こるかというと——。

『不死身の特攻兵〜軍神はなぜ上官に反抗したか』（講談社現代新書）という本を書いたのですが、その中でこんなエピソードを紹介しました。

１９４５年８月２日、奥日光に疎開《そかい》していた明仁《あきひと》皇太子が戦況《せんきょう》の見通しを説明にきた陸軍中将《ちゅうじょう》に対して「なぜ、日本は特攻隊戦法をとらなければならないの」と質問しました。

この時、有末精三《ありすえせいぞう》中将はこう答えました。

「特攻戦法というのは、日本人の性質によくかなっているものであり、また、物量を誇る敵に対しては、もっとも効果的な攻撃方法なのです」

後半は結果的には誤解ですが、ここではスルーします。問題は前半です。

「特攻戦法というのは、日本人の性質によくかなっている」――さらっと言っていますが、ものすごく恐ろしい言葉です。いったい、「必ず死ぬ」「培《つちか》った飛行技術を否定する」「組織決定として死ぬことを命令する」という作戦が相応《ふさわ》しい国民とはどういう国民なんでしょう。

結果としての自己犠牲はありますよ。ハリウッド映画なんかで、最終的に体当たりして隕石《いんせき》を爆破するなんて描写があります。思わず泣いてしまいますが、それは個人が最終的にやむにやまれずやることです。

けれど、日本軍の特攻は、近代軍隊が組織命令として死ぬことを要求したのです。世界中の近代軍隊で「死ぬ命令」を組織として出した例は日本軍以外ありません。

誤解を恐れず言えば、「同調圧力が強く」「自尊意識が低い」からこそ、特攻という作戦は成立したのです。

悲劇的なのは、初期の特攻に選ばれたパイロットは、みんな、ベテランだったことです。みんな、高い自尊意識を持っていました。

殉職《じゅんしょく》者まで出る激しい訓練をくり返す彼らに、「急降下爆撃」ではなく、体当たりしろという命令は、彼らのプライドを激しく傷つけました。

海軍の1回目の特攻隊の隊長は、新聞記者と二人っきりになった時に「日本もお終《しま》いだよ。ぼくのような優秀なパイロットを殺すなんて」と語ります。

けれど、同調圧力の強い日本で、軍隊という一番同調圧力の強い組織の命令に従《したが》い、体当たりしました。

陸軍の1回目の特攻兵のあるパイロットは、9回出撃して9回帰ってきます。帰るたびに、「次は必ず死んでこい！」「(空母《くうぼ》や戦艦《せんかん》じゃなくて)どんな船でもいいから体当たりしろ！」とののしられましたが生還しました。21歳の佐々木友次伍長《ささきともじごちょう》でした。

僕は、92歳まで生きた佐々木さんに会ってインタビューしたのですが、それはまた別の話。

さて、フォトグラファーさん。なぜ、僕がこんな話をえんえんとしたかというと、娘さんが直面し、苦しんでいるのは、「日本そのもの」だということなのです。

それも、軍隊がなくなった日本で、学校という一番同調圧力が強い組織で苦しんでいるということなのです。

70年以上前の特攻の例を出しましたが、日本はまるで変わっていません。２０１８

年の日大アメフト部の事件の時、監督は「学生が勝手にやった」と言い、学生は「命令だった」とコメントしました。その後、命令じゃなかったのかと監督が責《せ》められたら、どうも学生と監督の間に「乖離《かいり》があった」と言いました。これなんか、特攻が「志願」だったか「命令」だったかで戦後になって言い分が真っ向から違っていた事実と瓜《うり》二つです。僕は目眩《めまい》しながら笑ってしまいました。

フォトグラファーである旦那《だんな》さんが「人目なんて気にせずにおまえらしく好きな服を着ていけばいい。同調してつまらない人間になるな」と言う気持ちもよく分かります。フォトグラファーという職業は、教師やサラリーマンに比べて、はるかに同調圧力が低いのです。

数年前、自殺した広告代理店勤務の女性に対して、「それぐらいの残業で過労死《かろうし》するのは情けない」なんていう内容をネットにコメントして炎上した大学教授がいました。広告代理店の若手女性社員と大学教授では、受ける同調圧力が桁《けた》違いなのです。

サラリーマンへの同調圧力は、服装はもちろんですが、同じ時間を過ごすことを求めます。仕事が終わっても、上司がいるから帰れないのは、会社という組織が同じ時間、空間を共有することを求めるからです。

それに比べて、大学教授やフォトグラファーは、自分で決める時間、予定、服装の幅が大きいのです。もし、父親が銀行員とか教師なら、すぐに、日本の同調圧力の怖さを知って、娘さんに「しょうがないね」とアドバイスするでしょう。

いえ、僕もそうしたらと言うのではありません。

僕がえんえんと語っているのは、まず「敵を知る」ことが大切だからです。自分が何と戦っているのかを知ることは一番重要なことです。

僕は「同調圧力の強さ」が大嫌いでずっと問題にしてきました。演劇の作品にもしたし、エッセーにも書いたし、小説にもしました。

劇団を35年ぐらいやっていますが「どうしたら『同調圧力』を低く抑えられるか」という試行錯誤《しこうさくご》を毎日しています。

それでも、「なぜ日本はこんなに『同調圧力』が強く、『自尊意識』が低いのか」は完全には解明できません。僕は今も考え続けています。

ただ、どんなふうに「同調圧力」が強く、どんなふうに「自尊意識」が低いのかはずいぶん分かってきました。

つまり、敵の様子が分かってきたので、戦い方を考え出せるようになりました。依《い》然《ぜん》として、なぜこんな敵が生まれ、こんなにも凶暴なのか（なんか、ファンタジー物語の悪魔誕生の由来《ゆらい》みたいですが）はよく分かりませんが、戦い方は分かってきたのです。

言わずもがなですが、「同調圧力の強さ」がプラスに出ることだってあります。

東日本大震災の後、略奪《りゃくだつ》も起こらず、コンビニの商品が整然と並び、道路が一週間で復活して世界から奇跡だと讃《たた》えられるのは、私達日本人が簡単にひとつになれるからです。ですから、問題は、「同調圧力」ではなく、その強さと理不尽《りふじん》さなのです。

さて、僕のアドバイスは、まず娘さんに、娘さんに分かる言葉で、「この国のかたち」を伝えることです。

アメリカにも「同調圧力」はある。でも、それは日本ほど強くはない。だいいち、みんな「自尊意識」を持つように教育されている。アメリカの教育の目的は、健全な「自尊意識」を子供に持たせることで、これが「同調圧力」と戦う動機と理由とエネルギーになる。

一方、日本では、「自尊意識」にたいする教育はほとんどなく、道徳の時間を含めて、「同調圧力」に敏感になることは繰《く》り返し教えられる。

だから、今、お前は日本と向き合っているんだよと伝えます。

娘さんは「でも、みんなそんなふうに思ってないよ」と言うかもしれません。

娘さんは自尊意識を大切にしようとするアメリカに住んだからこそ、日本の無条件の同調圧力に苦しめられているのです。高い自尊意識を持つ経験を知らない人が、理解できなくてもしょうがないと伝えましょう。

僕がイギリスの演劇学校に留学している時、クラスメイトに寿司が大好きな奴《やつ》がいました。彼はいつもスーパーの寿司を買って、昼休み、うまそうに食べていました。一度、僕のお気に入りの寿司屋に行こうと誘われました。そこは、日本人ではない人達が経営する「なんちゃって寿司屋」でした。彼、オーリーという名ですが、オーリーは「うまい、うまい」とそれは幸福そうに食べました。でも、僕の目の前にあったのは、寿司ではなく「寿司になろうとしている何物か」と「寿司とは違う方向に走り出している食物」でした。

でも、オーリーは本当の寿司を知らないのですからしょうがないのです。この時、「これは寿司ではない！」とオーリーに叫《さけ》んでも、オーリーはきょとんとするだけです。そして、もっと本気で叫んだら、間違いなく怒りだすでしょう。「僕の寿司を否定するのか！」と。

娘さんがカラフルな服を着て、おしゃれを楽しむ時、「だって、着たい服を着るのは当然でしょ！」と叫んでも、そんなことを経験したことのない人達が理解するのは不可能なのです。

娘さんは、僕と同じで、美味《おい》しい寿司を知っている。でも、クラスメイトはなんちゃっての寿司しか知らない。そういう人に、「それはおしゃれじゃないの！ これはお寿司じゃないの！」と叫んでも、悲しいですが無駄《むだ》なのです。

で、娘さんに「この国のかたち」を伝えた後は、娘さんと一緒に考えます。

敵は「日本」ですから、大ボス中の大ボスです。正面から切り込んだら、ほぼ間違いなく負けると思います。

対抗する手段は二つ。

ひとつはフィールドを変える。つまり、比較的同調圧力の少ない組織に移動するのです。アメリカンスクールとか自由な校風が自慢の私立、帰国子女や外国人生徒が多い学校などです。

それが金銭や地理の関係で現実的に無理だという場合は、戦略的に戦う道を選びます。

学校には、同調圧力にあわせて地味《じみ》な服で登校します。その代わり、親しい友達とのお出かけや放課後は自分の着たいおしゃれな服を選ぶのです。この原稿を読んだU担当編集者は「塾もいいんじゃないですか？」とアドバイスをくれました。自由な雰囲気の塾なら、それも素敵です。

クラスや学校という無記名な「日本」では、勝つ見込みはなかなかありませんが、親しい友達の間では「おしゃれ！」と受け入れられる可能性はあります。さらに「そんな格好《かっこう》してみたいな」と思ってもらえれば、同志が増えます。

または、学校用に選んだ地味な服に、ワンポイント、おしゃれをするという一段上の方法もあります。大ボスが怒らないぎりぎりの範囲で戦略的におしゃれを戦うのです。

大切なのは、学校に地味な格好をして行く時「負けた」とか「悔《くや》しい」とか「本当はこんな格好をしたくない」とかネガティブな思いにならないことです。それは、生き延びるために選んだ戦い方のひとつだと、娘さんと話すのです。

繰り返しますが、美味しい寿司を食べたことのない人が、自発的に「おお、自分の食べている寿司はニセモノだ！　こんなものは捨てよう！」なんて思うことはありません。そう思うようになるのは、本当に美味しい寿司を食べたいだけ食べた時です。

おしゃれな娘さんは、「着たい服を自由に着る」という喜びを味わってきた。つまり、さきに美味しい寿司をたくさん食べたのです。それはとても素晴《すば》らしいことです。娘さんの将来がとても楽しみです。

が、周りに本物の寿司を食べたことのない人達だけが集まりました。そして、ちらっと娘さんの姿を見て「うらやましい」と思いました。本物の寿司を食べている人を見て「美味しそう」と思ったのと同じですね。

でも、自分は本物の寿司を食べられないから、悔しいと思います。憎《にく》い。許せないとなります。わりと普通の思考です。

娘さんは美味しい寿司を食べた。その素晴らしい経験と喜びをねじ伏《ふ》せることはないのです。学校ではない自分の時間に、おしゃれを存分に楽しみながら（または学校でもワンポイントで戦略的におしゃれを楽しみながら）、この国とうまくつきあうのです。やがて、フォトグラファーのお父さんのように、自分の意見を持ってちゃんと戦える時期も来るでしょう。

時々、娘さんと美味しい寿司を食べながら、戦いの状況を見守ってあげて下さい。

小さな戦いが、やがて大ボスを変える日が来ると僕は信じています。

相談3

小3から好きだったKちゃんと同窓会で再会。火鉢《ひばち》の底で赤く燃える炭のような私の思いは続いています

55歳・男性　しばやん

もう半世紀も前の小3の時、同じクラスになったKちゃんが大好きになりました。寝ても覚めてもその子のことが頭から離れず、小2までは虚弱《きょじゃく》体質で休みがちな私でしたが、その年は皆勤《かいきん》賞でした。

告白もせず、やがて別の中学に進み、会うこともなくなりました。私は時間が経《た》てば忘れるだろうと思っていましたが、その後、どんな恋愛をしても、あまつさえ結婚しても、そのKちゃんの時に感じた感覚を身体が覚えていて、比較してしまう半生《はんせい》でした。

ある年の同窓会で再会し、私は努《つと》めて平静を装《よそお》いながら話をしました。結婚して、私の子と同じ歳《とし》の息子さんがいることを知りました。

それから今も、火鉢の底で赤く灯《とも》る炭のような私の思いは続いています。

私はこの業《ごう》を抱えたまま年老いていく自信がありません。どうしたらよいのでしょうか。


……………

どうしたらいいって、そんなに苦しいならやることは決まってるじゃないの。

Kちゃんに今すぐ電話して、「会いたい」と言う。

で、会ったら「小3以来、ずっと好きです」と言う。そこからは、流れに身を任す。

Kちゃんに笑われるか、呆《あき》れられるか、「じつは私もなの！」と叫《さけ》ばれて離婚の手続きに入るか、「キモッ！」と言われるかはやってみないと分かんないでしょ。よく言うでしょ。やった後悔より、やんない後悔の方がでかいって。これは真実。

そんな勇気はないって言うなら、しばやんの熱情はそんなもの。「埋《うず》み火《び》」のような思いを毎日見つめながら生きていくのです。それはそれで素敵よ。

こんな質問に回答したくてこの連載を始めたのもあります。はい。

相談4

鬱《うつ》になった妹が田舎に帰ってきましたが、世間体を気にする家族が、病院に通わせようとしません

38歳・男性　農家の長男

西日本の片田舎で、果物農園を営んでいる家の長男です。相談は、鬱の妹に冷たい家族のことです。３歳下の妹がいて東京でアイドルを目指していたのですが、芽が出ないまま30代になり苦しんでいたようです。途中で鬱症状を発症し、昨年、母親が実家に連れて帰ってきました。

ですが、父や祖父、祖母の妹への態度が冷たいのです。妹が外出するのも嫌がります。何も言えない母親は、ただ黙っています。心の病気を患《わずら》っているのは明らかなのに、「あまい夢をみて。だから反対したんだ。もう嫁にもいけない歳《とし》だ（妹は35歳）」と言うばかりで最初は病院にすら行かせようとしませんでした。都会に住んでいる人にはわかりづらいかもしれませんが、地方では、今でも鬱に対して世間の目が厳しい

ところがあるので、世間体を気にしているのです。昔は町内会ののど自慢大会に出るような目立ちたがり屋で明るかった妹がどんどんふさぎ込んで別人のようにしゃべらなくなっていくので、たまらず私が家族に病院に連れて行くべきだと訴《うった》えたら、隣の県に病院を探して行かせるならいいとしぶしぶ承知しました。東京に帰すわけにもいきませんし、こんな家族のいる場所で妹の病気が治るとも思えません。どうしたらいいか、鴻上さんのアドバイスをお願いします。

『ほがらか人生相談』を始めて、さまざまな悩みが送られてきました。ノンキなものもあれば、深刻なものもあります。

農家の長男さん。じつは、これまでの相談の中で、あなたの相談が、一番、深刻で緊急な相談だと僕は思っています。

それは、事態がまさに今重大な方向に進行中である、ということはもちろんですが、そう追い込んでいる人達にまったく自覚がなく、なおかつ相談している農家の長男さんにも、事態の深刻さが充分に理解されてない、と思われるからです。

僕も愛媛県の出身ですから、田舎の人達がどれだけ「世間体」を気にするか、ようく分かります。僕はそういう考え方や習慣に反発して作家になったところがありますが、あなたの父親や祖父・祖母が、妹さん本人より世間体を大切にする気持ちは理解できます。

「相談2」で、僕は「同調圧力の強さと自尊《じそん》意識の低さ」は、日本の宿痾《しゅくあ》だと書きました。同調圧力の最も強いもののひとつが「世間」です。田舎になればなるほど、高齢者になればなるほど「世間」を強く感じます。つまりは、同調圧力が強まり、逆らえなくなるのです。

さて、妹さんの状態は、「鬱症状を発症」と書かれています。うつ病かうつ症状か、とても、デリケートな状態だと思います。

先日、ネットで「うつ病は、脳のこむら返りみたいなものだ」という表現を見ました。

これは、「うつ病なんてのは、気合が足らないんだよ。根性とガッツで乗り越えるんだよ！」と言いがちな体育会系の人達（いや、もちろんイメージですが）にも、「こむら返り」は気力や根性ではなんともならない病気だと簡単に理解できる、とても的確な言い方だと思いました。

経験した人は分かりますが、脚がこむら返りを起こした時は、根性で走ったりガッツで伸ばそうと思ってもムダです。筋肉はぎゅーっと固まり激痛が伴《ともな》います。気合で乗り越えようとすればするほど、痛みが増すのです。

この痛みは、体育会系であればあるほど、経験しているでしょう。「うつ病はこむら返り」と表現することで、「そうか。それは大変だなあ」と理解する人が増えると思います。

僕はずっとうつ病を「心が骨折したようなもの」と表現してきました。これはうつ病は「心が風邪《かぜ》をひいたようなもの」という言い方があって、「風邪なんてのは、気力で治るんだよ。いや、そもそもたるんでいる奴《やつ》がひくもんなんだよ」という精神論を徹底的に否定するために言っているのです。

風邪は病院に行かなくても治るかもしれないけれど、骨折は病院に行かないとちゃんと治らない。そう言いたいために、「骨折」という表現を使っています。

妹さんの状態がうつ病、またはうつ状態だとしたら、自然に治る可能性はないと思います。それどころか、確実に悪化するでしょう。外出することを嫌がられ、「もう嫁にもいけない歳だ」などという言葉を日常、受け続けているのなら、さらに精神が荒廃《こうはい》する可能性が高いからです。

それでね、農家の長男さん。世間体を一番大切にしている人達は、変化を嫌います。

そもそも、世間というのは、「所与性《しょよせい》」というものを一番大切にします。それは、「続いていることを変化させない。今あることを受け入れる」という原則です。

真夏の高校野球が、どんなに高校生が熱中症になっても続くのは、「所与性」にみんな従《したが》っているからです。先の相談で書いたように、アジア・太平洋戦争中、効果のなくなった特攻攻撃を続けたのも「所与性」です。

特に、日本人は続いていることを中止したり、変革したりすることを嫌います。それは、何も変えなくても、まがりなりにも共同体が続いてきたからです。

かえって、何かを変えてしまうと、中途半端《ちゅうとはんぱ》な結果になって、共同体が混乱すると考えるのです。

世間体を気にして、妹さんの状態を無視していても、とりあえず、世間付き合いは続き、家及び自分達の評価が下がることも村八分《むらはちぶ》になることもない、と家族の人達は考えるのです。

でもね、農家の長男さん。この時間は永遠に続くのでしょうか？

妹さんに冷たい父親と祖父・祖母は、今、おいくつでしょうか？　あなたが38歳ですから、父親は60歳ぐらい、祖父・祖母は80歳ぐらいでしょうか。間違いなく、20年後には祖父・祖母はお亡くなりになっているでしょう。その時、父親は80歳。あなたは58歳。妹さんは55歳。さらに10年して、父親が亡くなるとします。あなたは68歳。妹さんは65歳。

僕が何を言いたいのかお分かりですか？　68歳の高齢のあなたに65歳の妹さんの人生がのしかかるということなのです。

僕は、これを書くのもつらいのですが、そういう兄弟・姉妹を数組、知っています。妹の状態がおかしい。あきらかにうつ病になっている。なんとか病院に行かせたい。姉が何度も親にそう言ったのに、親はずっと反対する。世間体が悪い。ご近所から何を言われるか分からない。

その結果、ただ食事を与えるという状態で、妹は外出しないまま、30年を過ごす。精神は荒廃し、会話もうまくいかなくなっている。

二十代に治療を受ければ、うつ病はなんとかなったかもしれない。なんとか会話できる状態になったかもしれない。けれど、30年の軟禁《なんきん》生活の結果、人間との会話もできなくなり、精神が不安定になり、ヒステリー状態を示すようになる。なおかつ、精神の不調が体にも響き、健康状態も良くない。

そんな妹を残して、あれほど病院に行かせることに反対していた両親が亡くなる。そして、姉と妹だけになる。

「どうして、30年前に病院に連れて行って、適切な治療を受けさせなかったのだろう」

僕の知り合いは、本当に苦悩の表情で言いました。病院行きに反対した両親に恨《うら》み言《ごと》を言おうと思っても、もう両親は亡くなっているのです。

妹という大問題を残したまま、両親は世間体に忠誠を誓って死んだのです。

農家の長男さん。同じことがあなたにも、このままだと起こります。父親も祖父・祖母も、苦労を引き受けないまま死ぬのです。でも、あなたの人生は続きます。

今、妹さんはまだ会話ができる状態でしょうか。突然、感情を爆発させることはないでしょうか。激しい思いこみによって、トイレを使わなくなり自室ですますようになってないでしょうか。電話が鳴るたびに叫《さけ》んだりしていないでしょうか。夜中、突然奇声《きせい》を上げることはありませんか？

けれど、このまま、20年以上、今の生活が続けば、そういう反応を見せる可能性は高まります。そして、その行動や感情を引き受けるのは、あなただけなのです。

どうしたらいいか。もうお分かりですね。

一番は、近くの精神科や心療内科の病院にいますぐ、連れて行ってあげること。35歳は、都会ではまだまだ可能性の真《ま》っ只中《ただなか》の年齢です。もう一度、人生をやりなおすことはそんなに難しいことではないでしょう。

家族が妹より世間体を取り、近くの病院は絶対にダメだというのなら、あなたは自分の未来のために戦うか（つまりは「30年後も妹の責任を取れるのか？」と父親に迫るか）、すくなくとも少し離れた病院の診察に連れて行ってあげること。そして、定期的に通える状態を作ってあげること。

とにかく、一刻もはやい受診をお勧《すす》めします。

妹さんとちゃんと意思が通じるうちに、うつ状態の治療を始めるのです。うつ病は「こむら返り」であり、骨折ですから、自然治癒《ちゆ》はありえません。妹さんと軽く話したり、食事を共にするのも、全身骨折を湿布《しっぷ》で治療しようとするようなものです。病院に行かないとダメなのです。

農家の長男さんにとって耳の痛いことかもしれませんが、くり返します。僕はあなたの20年、30年後の兄弟・姉妹を本当に何組か知っています。反対した親は死んでいるか、年老いて介護されています。

親に従い、兄や妹を病院に連れて行けなかった弟や姉が、今、まさに苦しんでいるのです。けれど、精神が荒廃した兄や妹は、弟や姉がどれほど苦しんでいるのかを理解できないのです。年老いた親が生きている場合は、親に対する激しい嫌悪《けんお》と攻撃を示します。

これを悲劇と言わずして、何が悲劇かと思います。けれど、この悲劇は、20年・30年前に避《さ》けることができたのです。ただ、世間に従ったことで起こってしまったのです。

農家の長男さん。どうか、あなたの未来のために、今、しんどいですが、動き出して下さい。心から応援します。

相談5

友達と元カレが付き合いだしました。友達が許せないし、彼のことも忘れられません

21歳・女性　ケロちゃん

好きだった彼氏に振られ半年程《ほど》たったら、私の友達と元カレが付き合いだしました。友達は元々、私と彼が付き合っていたときから彼のことを好きでした。略奪愛みたいな感じです。友達は、匂《にお》わせ（編注：ほのめかすこと）などSNSでアピールをしてきます。私は、彼のことを忘れようと他の人を好きになってみたり、趣味に力を入れたりいろいろしてきました。それでも、忘れられずまだ彼のことが好きで友達のことが許せないしモヤモヤしています。

最近、気になる人がいますが、その人と遊んでいても心の底では元カレとのことを思い出して比べてしまいます。人生で一番好きになった人とも言っていい程の人だったので余計にモヤモヤしています。

ケロちゃんさん。苦しみましたね。でも、しょうがないのです。こんな言い方は無責任かと思われるかもしれませんが、恋愛において、しょうがないことはしょうがないのです。

世の中には、いくつかのしょうがないことがあります。あなたが泣いても笑っても怒ってもどうしようもないことです。地震も台風も津波も大雨も、しょうがないことです。いくら、台風に対して怒っても、何も変わりません。

家族を病気で喪《うしな》うのもまた、しょうがないことかもしれません。テロに遭遇《そうぐう》するのも、無謀《むぼう》運転の交通事故に遭《あ》うのも偶然であり、しょうがないことです。それはつまり、あなたが一人でどうこうできることではない、あなたが態度を変えたからと言ってなんとかなることではない、という意味です。

恋愛もまた、しょうがないことなのです。好きになって欲しいと思って、あなたがどんなに健気《けなげ》になっても、泣いても、怒っても、アピールしても、尽《つ》くしても、叫《さけ》んでも、好きになってもらえないことがあるのです。

その時は、しょうがないことを受け入れるしかないのです。時々、どうしてもそれが受け入れられなくて、ストーカーになったり、暴力事件を起こしたりする人がいますが、しょうがないことはしょうがないのです。

僕なんか自慢じゃないですが、振られ続けてきました。今まで何人の女性に振られたのか、笑ってしまうぐらいの大人数です。

振られると、必ず相手のことを「人生で一番好きになった人」と思います。手に入らないのですから、ますます、好きになって、思いはどんどんつのっていくからです。

僕なんか、一度、好きだった人が僕の知り合いと一緒《いっしょ》に街を歩いているところを目撃して、体が硬直して、涙が溢《あふ》れて、動けなくなったことがありました。

好きだった人が知り合いと楽しくバスケットボールをしているところを見て、吐《は》きそうになったこともありました。

二人とも、相手は知り合いでした。ケロちゃんさんと違うのは、決して「友達」とは思ってないことです。

僕の好きになった人を（結果的にとは言え）奪った相手は、その時点で友達ではないです。友達なんかであるものですか。友達でいられるはずがないじゃないですか。

本当に好きだった人を奪ったのですから。

だから、SNSをブロックして、相手が何をしているか完全に情報を遮断《しゃだん》しましょう。

一番良くないのは、友達のふりを続けることです。そうすると、大好きな人の情報を中途半端《ちゅうとはんぱ》に受け取ってしまいます。これを生殺《なまごろ》しと言わずして、何を生殺しと言うのでしょう。そんな状態で、好きになった人のことを忘れられるはずがないのです。

ちゃんと恋愛していたら、たぶん、3年から4年で恋愛は終わります。最近のさまざまな心理学的研究の結果、恋愛ホルモンは3、4年で分泌《ぶんぴつ》を終えると言われています。魔法の時間は必ず終わるのです。もちろん、その後、親愛の情を生む別なホルモンが分泌されるカップルもいます。

けれど平均的なカップルは、何のホルモンも出なくて別れるか、結婚という社会的制度に縛《しば》られてしまい、形だけ続けることになるのです。わはははは。

いいですか、ケロちゃんさん。

もう一度、くり返します。私達は、続けられなかった恋愛だけにずっと苦しめられるのです。存在しない恋愛は、色あせることがないのです。

長くつきあっていれば、相手の欠点も見えてきますし、日常という魔物がホルモンを減らしてくれます。どんなに美味《おい》しい食べ物も毎日食べていれば飽《あ》きます。けれど、おあずけを食らわされた食い物だけを恋《こ》い焦《こ》がれるのです。

そんな終わりのない恋愛の苦しみから解放される方法はたったひとつです。

逃げ続けること。相手の存在からも、情報からも、周辺からも、徹底的に逃げ続けること。

逃げ続けていれば、だんだんと好きになった人の印象は薄れ、思いは減ります。一日に何十回も思い出していたのが、数回になり、やがて、数日に一回になります。人によっては、半年でそうなることもあるし、3年かかることもあります。僕は最長5年、苦しみました（それは、時々、出会ってしまったからです。本当は会いたくなかったのに、いろいろな事情で避《さ》けられなかったのです）。

心の中の相手の占める比重が減っていけば、他の人にも関心が生まれます。

ケロちゃんさんは、「去る者は日々に疎《うと》し」という言葉を知っていますか？　どんなに親しかった者も遠ざかれば、次第に交情《こうじょう》が薄れていく、という意味です。

もちろん、忘れようとして無理に誰かを好きになる方法もあります。ひとつの恋愛を忘れるもっとも速い方法は、次の恋愛を始めることです。

でも、その方法が取れないなら、もっとも遅いけれど確実な方法が、「逃げ続けること」です。すべての情報を遮断して、徹底的に遠ざかれば、間違いなく冷静になれます。そうすると、やがて、次の出会いもあるのです。

ちゃんと始めるためには、ちゃんと終わらせる必要があるのです。

相談6

兄が継いだ実家の酒蔵《さかぐら》がうまくいかず、田舎に帰って手伝うよう迫られ、断る決断ができません

32歳・女性　A子

2歳上の兄が悩みです。自営業（老舗《しにせ》の小さな酒造会社）をしている我が家ではとにかく跡継《あとつ》ぎの兄が一番の扱いで、とくに母はさんざん兄を甘やかしてきました（小学3、4年でまだ靴下をはかせてあげていた異常さです）。同じ家の子供なのに、あまりに差別されて育ったと思います。母が授業参観にくれば、兄を見たいばかりに私は5分で済まされたこともあります。口を開けば「あの子はうちを継ぐんだから」と。いくらなんでもいつの時代だよと思ってきました。兄もその母の偏愛《へんあい》にのっかって生きてきたので、いろんなことがルーズで努力知らずです。水泳でも算盤《そろばん》でもお稽古事《けいこごと》はたいてい1年も続かず、何かを成し遂《と》げることが苦手です。大学受験にも失敗し、誰も知らないような三流大学にいきました（怠《なま》け者なので当然と思いました）。

家を継いだところであんなぼんやりした兄に経営なんてできるわけないと思っていたら、兄が30代も半ばに近づいてきたところその仕事ぶりにいよいよ両親も不安になってきたようで、今になって兄のサポートのために「帰ってこい、こっちで結婚すればいい」と言ってきたのです（ちなみに兄は一度お見合い結婚しましたが、1年で奥さんに逃げられました。あの母親つきの兄ですから、私は元奥さんに同情しました）。

あまりに勝手で腹が立ちました。私はもう10年も食品メーカーで働いていて、私の仕事人生があります。兄をさんざん甘やかしておいて都合がよすぎると母に怒りをぶつけたら、２００年続いた老舗の家を見捨てて平気なのかと泣いてしまいました。叔父《おじ》さんや叔母《おば》さんまで私に電話をかけてきて「A子は頭がいいからお母さんも頼りにしてるんだ、こういうとき家族は助け合うのが当たり前じゃないか」と説教するのです。

酒蔵は存続してほしいですが、私は正直、兄と一緒《いっしょ》に仕事はできません。尊敬できない兄の下ではうまくいかないのはわかっているからです。それにみんな兄のことばかり心配するけど私の人生には興味がないんだなと空《むな》しくもなりました。

ですがこのまま断ったら家族や親戚と険悪《けんあく》になるのはわかりきっています。そういう古い家です。気が重いです。断る罪悪感もあります。私はどこまでこういう家族につきあうべきなのか、決められない、というのが悩みです。

…………

A子さん。僕には、あなたはもう自分なりの結論を出しているように感じます。ただ、僕に背中を押して欲しいだけなんじゃないかと。

僕の意見は、決まっています。

「どこまでもなにも、そんな親につきあう必要はまったくない。故郷に帰らなくて、家族や親戚と険悪になってもいい。だって、A子さんの人生は誰のものでもない。A子さんのものなのだから」

です。

とても厳しい結論です。だから、A子さんも僕に背中を押して欲しいのだと思います。

どうして、こういう結論になるか？　それは、故郷に帰っても、A子さんが幸せになるとは考えられないからです。

「相談4」の投稿者「農家の長男」さんの場合と同じで、悲しいですが、A子さんの両親は、A子さんの人生より酒造会社を続けることを選んでいます。

とにかく、今まで続いてきた会社を続けることを至上命題《しじょうめいだい》にしています。なぜか？

残念ながら、「所与性《しょよせい》」としか考えられません。

ビジネスとして続けたいのではなく、それが伝統であり、世間の中の自分達の生き方だから続けようとしている、ということです。変化すること、切断すること、中止することを「所与性」は極端に嫌います。

残酷《ざんこく》なことを言えば、続けられればそれでいいのです。続けることが目的なのです。

それは、これまた残酷な言い方ですが、一種の思考放棄《ほうき》です。ただ、続けることが目的だから、「長男だから跡継ぎ」というなんの根拠もないルールに従《したが》ったのです。

これが激しいビジネスを生きている親なら、「兄はどこかのんびりしている。これでは将来、競争社会を生きていけない。妹の方が向いているんじゃないか？」と早い段階で判断します。性格的にビジネスに向いているのかどうかは、高校ぐらいでもう分かるでしょう。それがムリでも、大学に入れば見えてくるはずです。人間は、いきなり変身するわけではないのです。

「三流大学」に入り、結婚に失敗しても、両親は思考を放棄して「世間」のルールである「所与性」に従って「長男だから」と経営を任せていたのです。

そして、兄が三十代の半ばに来て、ようやく、家族は、「所与性」にすがるのをやめたのです。

でも、「このままじゃまずい」と思っただけで、思考を始めたわけではありません。ただ、「長男が頼りない時は、妹に頼もう」と「世間」のルール（これを『長幼《ちょうよう》の序《じょ》』と僕は呼んでいます）に従っただけです。

本当に思考を始めたら、A子さんに提案するはずです。

「会社の経営権はA子に渡す。長男はサポート的な立場にする。それが経営のじゃまになるのなら、半年から一年後には、長男は会社の経営から離れるようにする」

なんてことです。だって、兄が頼りないから妹に泣いて頼むのです。つまり、兄は実質的に社長失格ということです。

ですから、ビジネスとして酒造会社を助けて欲しいと提案するはずなのです。でも、両親や親戚が言っているのは「兄を助けて欲しい」です。

ビジネスの原則として、これがどれほどおかしいことかが分かるでしょう。有能な社長が、サポートしてくれる部下を求めるのなら分かります。けれど、能力のない社長を、君は有能だから部下としてサポートしてくれ、というのは、「その見返りに何をもらえるのか？」というリターンの問題になります。

通常、この場合は、破格《はかく》の給料が払われます。

A子さんが苦労するだろうと思うのは、家族と伝統という視点でしか家族も親戚も考えてない、という点です。

もし、僕の言う通り、A子さんが「破格の給料」を求めたら「家族なのに、なんでそんなことを言うのか？」と両親も親戚の人達も怒るでしょう。

つまりは、ビジネスとは考えず、家族の助け合いだと思っているのです。「200年続いた老舗の家」を続ける理由も、ビジネスではなく、それが伝統だからです。ビジネスなら、思考を求められますが、家族と伝統なら、「世間」の「所与性」に従っているだけで、思考する必要はありません。妹さんがサポートしている間も、家族の思考放棄はずっと続くでしょう。

A子さんが、もし、故郷で働き出し、利益を出したとしても、家族や親戚の理想像は、「長年続く酒造会社を経営する兄とサポートする妹」です。A子さんの人生もやりがいも存在も、ずっと二番目なのです。実質、一番目の働きをしていても、ずっと二番目なのです。

家族も親戚も、まず兄を立てるでしょう。兄が最高経営責任者であり、兄の決断を一番にするはずです。そもそも、兄が頼りなく、経営者として失格だから妹を呼んだはずなのに、依然《いぜん》として、「世間」に対して「兄が責任者」というアピールをするでしょうし、実際にそういう扱いになるでしょう。

古い田舎で、「妹が兄を差し置いて経営し、兄に指示を出し、兄を必要としない」なんていう風潮を家族や親戚が許すはずはないのです。

A子さんは、どんなに働いても、評価としては兄のサポートであり、兄より下の存在なのです。

どんなに給料をもらっても、有能な部下はいつまでも無能な社長を支えはしません。たいていは、自分で起業するか、別の会社の社長にヘッドハンティングされます。

でも、A子さんは「家族なんだから」という呪いの言葉で呪縛《じゅばく》され続けるのです。

A子さんが幸せになれるはずがないのです。

でも、今僕が書いてきたことは、A子さんは聡明《そうめい》な人ですから、予想していたはずです。ただ、家族を「捨てる」決心がつかないだけです。

大人になったら、家族を捨てなきゃいけない時も来るのです。それは、残酷だからとか冷たいからではなく、自分の人生を生きるためです。

子供の頃、親はとても賢《かしこ》くて、従う対象でした。でも、自分が大人になると、親の愚《おろ》かさが見えてきます。一人の人間としての限界がくっきりと分かります。

そういう時、もちろん、「家族」として歩み寄れることはあるでしょう。

正月に帰省して共に食事するとか、両親の古い人生観を黙ってうなづくとか、近所のグチを聞いてあげるとか。

でも、自分の人生を差し出さなければいけないことは、歩み寄る必要がないのです。歩み寄ってはいけないのです。そんなことをしたら、残りの人生がだいなしになるのです。

A子さん。どうか自分の人生を生きてください。

このまま、思考放棄が続けば、酒造会社は潰《つぶ》れるかもしれません。でも、それはA子さんの責任ではありません。

有能な経営者をヘッドハンティングしたり、A子さんに全面的に経営権を任せると言い出したり、両親がもう一度経営を見直したり、兄を別の酒造会社に出向《しゅっこう》させて経営を学ばせたり、やれることはたくさんあります。

なのに、思考放棄を続けて潰れたとしたら、どうしてそれがA子さんの責任になるのでしょう。

A子さんしか解決策がないと本気で思っているとしたら、それは経営者失格です。一方的にすがられるA子さんにはなんの責任もないのです。

厳しい結論です。もし、潰れたら罪悪感に苦しむかもしれません。

でもね、A子さん。もし、あなたがこのまま、故郷で兄のサポートに入ったら、感じるのは罪悪感ではなく、苛立《いらだ》ち、怒り、絶望、後悔、などです。罪悪感の比ではないのです。そんな日常を送ればあなたは不幸にしかならないと思います。

故郷に帰らなくても、罪悪感を感じる必要は全くないのです。声を大にして何度も言います。A子さんが自分の人生を犠牲にしなかったからといって責《せ》められたり、罪悪感に苦しむ理由なんか何もないのです。

聡明なあなたは分かっているでしょう。ただ、決断するだけだと思います。

相談７

専業主婦の妻が、突然働きたいと言いだしました。突然の方向転換はルール違反じゃないでしょうか？

41歳・男性　きーやん

結婚して十数年、妻と小学５年生と６年生の２人の息子がいる４人家族の父親です。結婚前から妻は子どもを産んだら家庭に専念したいという希望で、私も仕事が金融の営業職で超忙しく、お互いの家族観が一致《いっち》して一緒《いっしょ》になり、今までそれなりに過ごしてきました。しかし最近になって、子どもが中学にあがったら（２年後）、今のパート先（食品会社）で正社員の試験を受けたいと言いだしたのです。そう会社で勧《すす》められたと言うのです。そのうえ、そうなったら家事も少し分担してほしいと。はっきり言って「冗談じゃない」と思いました。結婚前、子どもが生まれたら妻は家庭に入るということで、お互いに納得して結婚したのです。家庭に支障《ししょう》をきたさないパートならと今まで許していただけです。

さらに頭にきたのは「これから子どもの教育にももっとお金がかかるし不安だから」と。結婚してはじめて妻を「今さらふざけたこと言うんじゃない」と怒鳴ってしまいました。

同僚などに相談しても「一回働かせてみれば、世の中の厳しさがわかるよ」とか「家事をすべてやるっていう条件なら、お金が入るからいいじゃん」などと言いますが、絶対に家事がおろそかになるに決まっています。被害にあうのは息子たちで、息子たちにも聞いてみたら「お母さんが働くのはやだ」と言っています。最初からお互いフルタイムで働くという前提《ぜんてい》で結婚した夫婦はそれでいいでしょうが、結婚して十数年も経《た》って突然、自分の生きがいのために方向転換を家族に強要するなんて、妻のルール違反ではないでしょうか。

きーやんさん。相談、ありがとうございます。いや、きーやんさん、というのはなんか変なので、きーやん。（と書くと、なんか居酒屋で話してるみたいな雰囲気になるね、きーやん）

僕がきーやんの相談を読んで浮かんだのは「熟年離婚」という単語です。

驚きましたか？　まだまだ先のことですが、このまま、きーやんが奥さんの要求をはねつければ、やがてそこに行き着くんじゃないかと僕は思っています。

奥さんの気持ちはわりとシンプルでしょう。

結婚する時は、夫婦生活と子育てに生きがいを見いだせると思っていた。そして、きーやんが働き、子供が小さい時は、「生きがい」としての主婦生活をおくれた。でも、恋愛の熱病がさめ、子供が成長し、「自分が絶対に必要」というスタンスではなくなった。

奥さんが聡明《そうめい》な人なら、子供の成長を自分の生きがいにしてはいけないと考えるでしょう。小学生のうちはまだいいけれど、2年後、中学生になったら適度な距離を取るべきだと考えるはずです。いつまでもベタベタしてくる母親を、中学生にもなるとうっとーしいと男の子は感じますからね。きーやんもそうじゃなかったですか？

で、奥さんは自分の生きがいのために、正社員の道を選ぼうとしているんだと、僕は思います。

「これから子どもの教育にももっとお金がかかるし不安だから」という奥さんの理由は、一番の理由ではないでしょう。それは、二番目の理由で、でも、きーやんを説得するためには、この理由がいいんだと考えたんだと思います。

だって、「自分の生きがいのために働きに出たい」と言ってしまうと「家庭は生きがいじゃないのか！」「子供たちは生きがいじゃないのか！」ときーやんに怒られると考えたのでしょう。

気になるのは、きーやんの同僚の発言です。「一回働かせてみれば、世の中の厳しさがわかるよ」とか「家事をすべてやるっていう条件なら、お金が入るからいいじゃん」というのは、誰も妻側に歩み寄ってはいない言葉です。

きーやんの周りは、みんな「女は黙ってついてこい。家庭にいればいいんだ」という考え方の人達だけなんでしょうか？　もしくは、「奥さん、人生の目標が欲しいんじゃないですか？」とアドバイスをする後輩はいたけれど無視したのでしょうか？

どちらにせよ、奥さんの悩みに対して、鈍感《どんかん》すぎるか注意を払わなくていいと思っている男達に囲まれているのだとしたら、僕はとても心配です。やはり、ゆっくりと「熟年離婚」に向かっていると感じるのです。

そして、子供さんには奥さんのことを優しく聞きましたか？　まさか、「母さんが外で働くのは嫌だよな」と無意識に強い口調になりませんでしたか？　それなら、小学5・6年生の子供達は間違いなく、「お母さんが働くのはやだ」と答えるでしょう。ましてて息子二人ですからね。これが娘だったら、母親に歩み寄る発言があったかもしれません。

でね、きーやん。生ビールをお代わりしながら聞いてくれる？ きーやんは、じつは奥さんが働きたい理由がお金じゃないってことを知ってるんですよね。だって、「結婚して十数年も経って突然、自分の生きがいのために方向転換を家族に強要するなんて」と、ちゃんとお金じゃなくて、「生きがい」を選ぼうとしてるんだ、と分かってるんですよね。

で、それを「妻のルール違反ではないでしょうか」と言うんですよね。

もちろん、それは「ルール違反」です。でね、きーやん。

問題は、あなたが「ルール違反」を認めるか認めないかなのですよ。人生には「ルール違反」はつきものだと思うか、「ルール違反」は絶対に許さないと思うか、ですね。

でね、きーやん。「ルール違反」から楽しいことが生まれた例はたくさんあるのですよ。

トリック撮影というか特撮の始まりを知っていますか？　映画の初期、フィルムは頻繁《ひんぱん》に代えないといけない長さしかありませんでした。日本映画の場合、チャンバラの途中で、フィルムを代えるために、みんなストップモーションしながら待っていました。でも、中に、「ルール違反」をしてトイレに行った俳優がいました。

現像してフィルムをつないで上映してみると、いきなり、人がパッと消えたのです。見ていた映画関係者はどよめきました。そして、「これは忍法《にんぽう》だ！」とトリック撮影が盛《さか》んになったのです。

ラグビーの起こりも半分俗説ですが、そうですね。イギリスの「ラグビー校」のエリス少年は、フットボールの試合中にいきなりボールを抱えて走り出しました。ルール違反ですね。でも、これは面白いと「ラグビー」という競技が生まれたのです。

ひょっとして、奥さんの「ルール違反」から、楽しいことが起こるかもしれません。奥さんが生きがいを感じていきいきして、子供達もそういう母親を見て、喜ぶかもしれません。

きーやん。「そうは言っても、俺は家事なんかする気もないし、する時間もない」と思うでしょう。でも、生きがいのない母親に育てられる子供と、夫を深い部分で恨《うら》んでしまった妻とこれから何十年も生活するのは、それ以上に大変になる可能性があります。

　昔だったら「女は黙って家庭に入ってろ！」ですみましたが、今は、「夫が簡単な家事なら手伝ってくれている家庭」「妻が生きがいを見つけていきいきと働いている家庭」なんて、ネットでググれば、簡単に見つかります。奥さんに、ずっと我慢を強《し》いるのは不可能なのです。

　僕の両親は小学校の教師でした。父も母も、あの当時はブラックという意識がないまま、ずっと働いていました。

　母は料理を作る時間もなかなかなかったので、小学校の時代から、インスタントラーメンは僕の親友でしたし、中学校の時はお弁当ではなくて購買部の焼きそばパンが母親代わりでした。でも、僕は母親を一度も恨んだことはありませんでした。母親が毎日、学級通信を発行し、子供達を親身に世話しているのを知っていたからです。

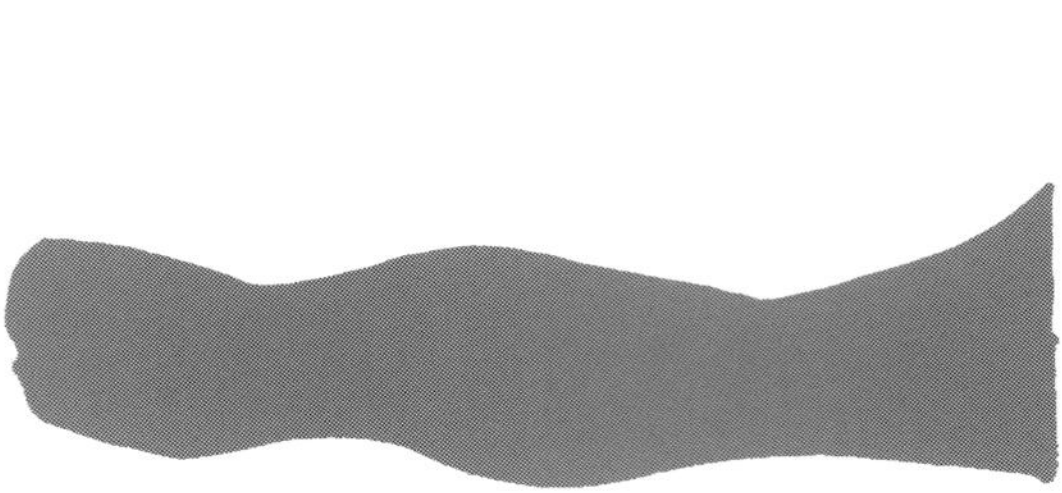

その充実した横顔は、子供にとって自慢であっても、淋《さび》しさとか愚痴《ぐち》の対象ではありませんでした。

さて、きーやん。僕が言えるのはここまでです。奥さんは聡明な人だと思います。2年後と時間を示し、それまでの準備の期間をちゃんときーやんに伝えているのですから。

怒らないで、いろいろと奥さんと話し合って下さい。きーやんの気持ちを全部伝え、奥さんの気持ちも全部聞きましょう。それができている夫婦は少ないと思いますが、きーやんが離婚を考えてないなら、そうした方がいいと思います。

相談8

そこそこのスペックだと思うのに、恋は連敗。モテるにはどうしたらいいですか？

27歳・男性　銀太郎

単刀直入に聞きたいです。モテる男になるにはどうしたらいいですか？

僕は国立大学卒、大手メーカーに勤務、という、そこそこのスペックだと思っています。イケメンではないけど容姿《ようし》もそこそこ、身長172センチです。問題は、恋が連敗続きということです。女の子をデートに誘ってもほとんど断られるし、やっとデートしても、2度目がありません。一度、会社の女の子たちが僕のことを「銀太郎さんて、いい人なんだけどねー」と言っていたのを聞いてしまいました。

「いい人」なんて、モテない男の代名詞みたいな言葉で、本当にショックでした。でもわかりません、どうしたら「いい人」から抜け出して「モテ男」になれるのでしょうか。

そもそもなんで自分は「いい人」に振り分けられちゃうのか、わからないです。
数々のモテ俳優を見てきた鴻上さんに聞きたいです。俳優さんて、イケメンじゃなくても、なぜか人気があって、いい男と言われている人がいますよね。
いい男やモテ男のポイントってなんなんでしょうか。
ぜひぜひ、具体的に教えてください。

ああ、銀太郎さん。銀太郎さんがデートしている風景や女性と話している状況を1時間でも見れば、何が問題かすぐに分かるのに。

一方通行で説明しなければいけないことが、じつにもどかしいです。

通常、それなりのスペックなのにモテない理由は、二つあります。

ひとつは、銀太郎さんに「とてもいけてない部分」がある場合です。容姿がそこそこで、大手メーカーに勤め、身長が172センチでも、強いマイナスがあればモテません。

なんかあるとグチをこぼすとか、平気で人の悪口を言うとか、お店の人に対して態度が横柄《おうへい》とか、陰口《かげぐち》が好きだとか、口を開けばネガティブなことしか語らないとか、まず人や物事を否定することから話し始めるとか、ものすごく不潔とか、ナルシストとか、食事をする時にくちゃくちゃ音を出すとか、ファッションがダサすぎるとか、他人に対する共感能力がものすごく低いとか、自慢ばかりするとか。

とにかく、「ああ、この人と一緒《いっしょ》にいたくない」と思わせる理由です。一回目のデートができるということは、相手はちゃんと銀太郎さんを恋愛対象として見ているということでしょう。二度目がないという時、どれかのマイナスポイントが理由かもしれません。

これに関して、素直に聞ける職場の仲間や大学時代の友達はいますか？「俺、なんかすごいマイナスない？」と素直に聞くのです。そういう人がまったくいなければ、それだけでそもそも問題です。そんな男性がいないのに、恋人になる女性を作れるはずがないのです。

それでも、親しい仲間から「そんなにひどいことはないと思うよ」と回答を得たとしたら、モテない理由はもうひとつの方――いいポイントが何もないから――になります。

もちろん、こういうこともあります。

「いい人」と女性が言う時、この場合が多いです。なにも語るべきものがない人です。

そもそも、性格は、「良い」「悪い」「ない」の三つに分類されます。性格が「ない」人は大勢います。可もなし不可もなし、いてもいなくても同じ、いるのかいないのか分かんない、毒にもクスリにもならない人です。

でね、もし銀太郎さんがこのケースなら（一番目かもしれないという可能性を僕は捨ててないですが）、こうなりたいというモデルとしてのモテる男をまず見つけることです。

言っておきますが、「万人に通じるモテポイント」なんてないです。男はいい意味でも悪い意味でも、観念的に考える人が多いので「女性を喜ばすテクニック」とか「究極のデート術」みたいな「絶対の真理」を求めがちです。でも、すべての人に通じるポイントなんてないです。

なのに、男性雑誌は、いまだに「どんな女性も喜ばせる究極の技術」だの「どんな女性も落とせるモテテク」なんて特集をやるのです。残念ながら全女性に通じる真理はありません。

あるのは、個別の真実です。モテる俳優はたくさんいますが、みんな、違います。

高橋一生《たかはしいっせい》さんと星野源《ほしのげん》さんと古田新太《ふるたあらた》さん、小日向文世《こひなたふみよ》さんの魅力は違います。

銀太郎さんは、「この俳優はいい男だなあ」とか「こんな男になりたいなあ」と思う人はいますか？　銀太郎さんと同じぐらいのスペックで、なおかつ、あこがれの人。ものすごいイケメンとかスタイルが良いとかは、ダメですよ。身長も同じぐらいで、容姿がそこそこで、でも、銀太郎さんが素敵だなあと思う人。年齢は幅があっていいと思います。俳優よりも、じつは身近《みぢか》な先輩や上司、友人にいればなおいいのですが。

そういう人がいたら（いなければ、探し出すのです）、徹底的に観察して下さい。そして、銀太郎さんがいいなと思うところを徹底的に真似《まね》して、取り入れるのです。

日常の話し方、話題の選び方、女性に対する接し方、自慢の仕方、仕事のやり方、食事の仕方、遊び方、などなど

です。

聞ける相手なら、積極的にインタビューもして下さい。デートはどうしているのか？　どんな話題を振っているのか？　どんな所に行っているのか？

俳優なら、トーク番組を見たり、日常や仕事場での振る舞いに関するいろんな情報を手に入れて下さい。

そうやって、「いいポイントがなにもない自分」に、こつこつとモテポイントを足《た》していくのです。

時間はかかるし、とても地道な方法ですが、モテるためには、一番、確実な方法だと僕は思っています。

相談9

10キロ太ったら周囲の男性の態度が変わりました。結局女は容姿《ようし》が10割でしょうか？

25歳・女性　セシル

3か月前に、足を骨折して体を動かさない間に、10キロ太ってしまいました。足は治りましたが、すごくびっくりしたのは、周囲の男性たちの態度のかわりようです。

私はもともとの容姿に恵まれていたと思います。会社でもよく男性に話しかけられ、段ボールを持っていれば誰かが持ってくれたし、なにかとランチにも飲み会にもデートにもよく誘われていました。つまり、モテていました。でも、10キロ太ったら、本当にわかりやすく男性が話しかけてくれる回数が減りました。ランチも飲み会のお誘いもデートもめっきり減りました。私はこれからダイエットして元に戻るつもりです。今までどんなに得していたか身にしみてわかったからです。でも、これでまた元の容姿になってモテたとしても、そのまま恋人をつくっていいのか、不安になりました。

だって、私の中身じゃなくて、私の容姿に惹《ひ》かれた人とつきあって結婚したとして、いつかは私も老けます。そしたら、愛情はなくなるということですよね。

姉に言ったら「バカだなあ、ミツバチはきれいな花に集まるにきまっているでしょ、婚期を逃す前にさっさとダイエットしなよ」と返されましたが、なんだか気持ちが晴れません。

結局女は容姿が10割でしょうか。ダイエットしようと思いながら、モヤモヤしてます。

そうですか。セシルさんは、10キロ太ることで、人生の大切な疑問と出会ったのですね。それは、ズバリ言えば「人間の価値とは何か？」ということですね。
困難な状況とかトラブルにあうことで、問題の本質が見えてくることってありますからね。
僕は英語が不得意なまま、イギリスに留学しました。言葉がうまく通じない毎日で、いきなり「言葉とは何か？」とか「日本語とは何か？」という疑問にぶつかりました。ふだん、当り前に使っている言葉が使えなくなると、「どうして私は言葉を使っているんだろう」「言葉の役割とはなんだろう？」「不自由な言葉でも使う意味はあるんだろうか？」と、言葉そのものに対して深く考えるようになるのです。

一番、悔しかったのは、英語がうまく使えないと、「中身」まで劣等《れっとう》であると判断されたことです。日本語でなら、簡単に複雑なことを言えるのに、英語で稚拙《ちせつ》な説明しかできないと、イギリスのクラスメイトは、中身まで幼稚な人間だとみなしました。それが、どんなに辛《つら》く歯がゆかったか。

さて、セシルさん。「結局女は容姿が10割でしょうか」というセシルさんの相談に答える前に、まず、僕が質問します。

セシルさんにとって、男の容姿は何割ですか？　男性の容姿は全然、気にしませんか？　眼《め》の前に、ぶさいくとイケメンがいたとして、容姿は恋に落ちることとまったく関係ないですか？　それとも、やっぱり、イケメンの方がいいですか？

セシルさんは、「私はもともとの容姿に恵まれていたと思います」と、正直に書かれたように、10キロ痩《や》せていた時は、間違いなく「美人村」の住人でした。

それが、一時的に10キロ太ったことによって、僕の故郷「ぶさいく村」に引っ越したのです。

すると、何が起こるのか？

容姿によって「中身」が判断されるという、恐ろしい現実とぶつかるのです。

10キロ痩せて「美人村」にいた時と、10キロ太って「ぶさいく村」にいた時と、「中身」に違いはありません。

わずか3カ月の違いですから、この間に、セシルさんの「中身」がものすごくいじわるになったり、バカになったわけではありません。

なのに、こんなに周りの反応が違うことが、セシルさんは納得できないのですよね。

私の本質はなにも変わっていない。ただ、容姿が10キロ太っただけなのに、と。

でもね、セシルさん。セシルさんが、そう思うのは、セシルさんが、まぎれもなく「美人村」の住人だからです。

「ぶさいく村」の住人には、こんなことは当り前のことなのです。

僕は、容姿によって中身が判断される、つまり「結局男は容姿なんだ」という衝撃の現実に19歳の時に気付きました。

僕の顔を知る人には信じられないかもしれませんが、僕は18歳までは自分が「イケメン村」の人間だと思っていました。高校までは、クラス委員をしたり、演劇部の部長やったり、生徒会長したりしてましたから、なんとなくモテていました。

同時に、ずっと一人の人に片思いしていたので、多くの人にモテるかどうか、たいして関心がありませんでした。ですから、それなりにモテると思い込んでいたのです。

それが、大学に入り、「合コン」というものを初めてしました。今でもはっきり覚えています。レストランで、6対6でした。僕は間違いなく面白いことを話している自信がありました。

でも、目の前に並ぶ女性達は、みんな別の方角を見ていました。その視線の先を探ると、イケメン君がいました。6人のうち、2人が「イケメン村」の中央広場の住人でした。あと1人が、「イケメン村」の村外れに住んでいました。残り3人が、「ぶさいく村」の住人で、2人は「イケメン村」との村境の水車小屋に住んでいました。「ぶさいく村」の中央広場で生活しているのが、僕でした。

どんなに話しても、女性たちの視線は動きませんでした。ただ、イケメン村の中央広場の住人を見つめていました。

その衝撃の体験から、自分が「ぶさいく村」の村人だとはっきりと自覚し、それがどんなに不利なことなのか身に沁《し》みて分かるまでに、そんなに時間はかかりませんでした。

そこから、僕は「ぶさいく村恋愛対象地区」に強引に引っ越しするために、たくさんの本を読み、トーク力を磨《みが》いたりしたのですが、それは別の話。

自分が「ぶさいく村」の住人だと自覚して、よかったことがあります。それは、「人を容姿だけで判断することの危険と理不尽《りふじん》さ」を知ったことです。

容姿だけでジャッジされる理不尽さを知ると、自分もまた、他人を容姿だけでジャッジしていた恐ろしさに気付くのです。

「美人村」や「イケメン村」に無自覚に住んでいると、このことになかなか気付かないと思います。

なぜなら、容姿でマイナスにジャッジされて、中身までマイナスに判断されることは、まずないからです。ほとんどは、プラスにジャッジされ、中身もプラスに評価された経験のはずです。もちろん、「イケメンなのに（美人なのに）そんなことするんだ」という、容姿の美しさが、中身の評価を厳しくすることもありますが、とんでもない行動や発言を慎《つつし》めば、こう言われることは少なくなります。

「美人村」のセシルさんもまた、容姿によってマイナスにジャッジされるという経験をしたことがなかったと思います。そして、容姿がひどいから、中身もたいしたことがないんだろうと判断されたこともなかったでしょう。

ですから、10キロ太るまでは、「容姿」と「中身」の評価のアンバランスさに悩むこともなかったのです。

でも、「ぶさいく村」の住人は違います。ずっと、「容姿」と「中身」をイコールとされるアンバランスさ、理不尽さと戦ってきました。

「合コン」の時、「ぶさいく村」の僕が語る面白い話を女の子達は無視し、「イケメン村」の友人が語る凡庸《ぼんよう》な話を喜びました。

僕および「ぶさいく村」の村仲間は、何度、その理不尽さに悔《くや》し涙を流したか。

英語しか話せない人間は、言葉がつたないイコール中身がないと判断すると書きました。けれど、母国語以外の言葉で苦労したことがある人間は、言葉の下手《へた》さだけで中身をジャッジしません。英語が母国語で、英語しか知らず、世界中が英語を話すのが当然だと思い込んでいる人達だけが、英語がつたない人間に対して思い上がった反応を見せます。その姿に、何度、悔し涙を流したか。いえ、違う話ですが。

でね、セシルさん。もちろん、セシルさんも僕もみんなも、美しいものが好きです。よっぽど屈折《くっせつ》した趣味の人でない限り、汚いものよりは美しいものを愛《め》でるはずです。

でも、「あなたは美しい」ということと「あなたは人間として素晴《すば》らしい」はまったく別です。

当り前のことですが、多くの人は時々、忘れます。

美人でいじわるとか、イケメンでバカとか、普通にいます。ぶさいくでバカや不潔がいるのと同じです。

でも、容姿が美しい人を見ると、中身まで素晴らしいと思い込みがちになります。

でもね、「ぶさいく村」の中央広場に住む人間は間違いません。だって、「容姿」と「中身」はイコールではないんだと、魂《たましい》にまで刻んでいるからです。

だから「ぶさいく村」の多くの村人は、女性をジャッジする時に、「結局女は容姿が10割」ではなくなるのです。もちろん、美しいものをみんな好きですから、8割の人も4割の人もいるかもしれませんが、「あの人は、美人だけど、待てよ。性格がものすごく悪そうだぞ」とか「すっごく可愛《かわい》いけど、ただのバカだぞ。歳《とし》とって、『可愛くってバカ』が、『ただのバカ』になるぞ」と見抜くことができるようになるのです。

同時に「『結局男は容姿が10割』とは限らないぞ。もちろん、10割だと思っている女性もいるだろうけど、さまざまな割合の人がいるぞ。なかには中身10割、外見0割って思ってる女性もいるぞ」なんて、ちゃんと分析できるようになるのです。

ですから、セシルさん。あなたは10キロ太ることによって、人生の知恵の扉を開けたのです。それは、「あなた自身が恋する相手を選ぶ時に、『容姿を何割』で選ぶか」という問いと出会ったということです。同時に、あなたを好きになってくれた人が、「容姿が何割」であなたに好意を持っただろうかという疑問と出会ったということです。

この知恵の扉は、「美人村」「イケメン村」に無自覚に住んでいる人には見えません。けれど、やがて、歳を取り、かつての美しさが終わり、「美人村」や「イケメン村」から強制的に退去しないといけなくなった時に見えてきます。

この扉を開けた奥には、「あなたから容姿を取ったら、どんな中身が残りますか?」という自分自身への問いかけが書かれています。

『サンセット大通り』という名作の古典映画をご存じですか？　かつての大女優が、年齢と共に美貌《びぼう》が衰《おとろ》え、仕事がどんどんなくなっていく中、幻想の中に生きるようになっていく話です。美しさがなくなった時、自分自身に何も残ってないことを、彼女は認めることができなかったのです。

美しければ美しいほど、イケメンであればイケメンであるほど、周りは勝手に「中身」も素晴らしいと思い込みます。または、「中身」を問題にしません。それだけで、充分だと思われて、モテます。

結果的に、「美人村」「イケメン村」に無自覚に住んでいると、「中身」を意識的に磨こうという努力も気持ちも生まれなくなります。昔、僕はエッセーで「モデルは本を読む時間がない。今日こそは本を読もうと思っても、すぐにデートや食事の誘いのメールや電話が来る。だから、本を読まない。読む活字は、ファッション雑誌のメイクと服装に関する部分だけ」と書きました。

二十代の時、容姿10割、中身0割のモデルさんとデートして、発見したことでした。

セシルさんは、「私の中身じゃなくて、私の容姿に惹かれた人とつきあって結婚したとして、いつかは私も老けます。そしたら、愛情はなくなるということですよね」

と書きました。10キロ太って、一時的にぶさいく村に引っ越したからこその気付きです。もし、ずっと「美人村」に住んでいたら、美しさを失うまで気付くことはなかったでしょう。

ですから、セシルさん。10キロ痩せて、「美人村」に里帰りした後は、中身をうんと磨いて人間的に豊かな人になって下さい。たくさん本を読んだり、仕事に生きがいを見いだしたりして、容姿につりあう素敵な中身になることを勧《すす》めます。

やがて、歳を取り、かつての美しさが失われたとしても、充実した「中身」があれば、『サンセット大通り』の女優のようになることはないのです。

聡明なセシルさんなら、きっと大丈夫。中身を磨いていけば、言い寄ってくる男の中身も見抜けるようになります。「容姿10割」で近づく男を判断できるようになるのです。

相談10

学校のグループ内で私は最下層扱い。本当の友達がほしいです

17歳・女性　あさひ

女子高に通っている高校2年の17歳です。相談は、学校があまり楽しくないことです。

2年になって、5人の仲良しグループに入りました。授業の移動もランチも、みんな一緒《いっしょ》です。ときどき、放課後にケーキの食べ放題にいったりもします。夏休みもいっしょに海に遊びにいきました。

でも、私は5人のなかで、いてもいなくてもいい感じなんです。遊びの決め事とかあっても私に相談なしに決まっていることもよくあります。夏休みの遊びの計画も知らないうちに先に日程も決まって、「行けるでしょ？」っていう感じでした。4人のうち誰かが話しはじめても、私の方を向いて話すことはほとんどありません。私の意

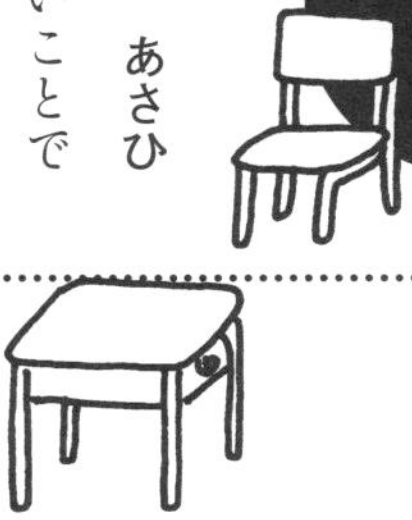

見を聞こうともしてくれません。ときどき、さみしい気持ちになります。

いじめられているわけではないけど、たぶん、4人にとって、なんとなくくっついている私は、本当はどうでもいい人間なんじゃないかなって思います。みんなでカフェに入っても、なぜか私ばかりが端《はし》っこのはみ出る席（前にみんなの鞄《かばん》が置かれることになる席）に座ります。一回はみ出ない席に座ろうとしたら「奥にずれて」と言われてしまいました。都合のいいときに利用されているかもと感じるときもあります。みんなで週末に超人気のパンケーキを食べに行こうということだったのに4人が「どうしてもその日、用事で早くつけないから先に並んでてくれる？」と、みんなより1時間半も前に並んだこともありました。

みんな私を本当の友達とは思ってくれていないのかもしれません。

でも、ひとりになるのはいやです。お昼ごはんをいっしょに食べる人や授業の移動をいっしょに行く人がいなかったら友達いない人みたいでみじめです。それだけはできないです。

どうして私は本当の友達ができないのか、いつも最下層扱いなのか、自分が嫌になります。鴻上さんの、「同調圧力」のネット記事見て、なんか、泣きそうになりました。私は今までクラスで同調圧力に逆らったことなんかないです。でもここから抜けられる方法があったら教えてほしいです。本当の友達はどうしたらできますか。

………

あさひさん。正直に相談してくれてありがとう。

本当の友達が欲しいんですね。

いきなり質問しますが、本当の友達が欲しい理由はなんですか？　ひとりになるのが嫌だからですか？　友達がいない人はみじめだからですか？

僕はあさひさんを責《せ》めているのではないですよ。みんな、ひとりになるのは嫌ですからね。

でも、みじめになるのは嫌だから友達が欲しいのなら、誰でもいいことになりませんか？

恋愛に例《たと》えると分かりやすいですかね。さびしいから恋人が欲しいなら、さびしさを忘れさせてくれるなら誰でもいいことになりませんか。それは嫌じゃないですか？

やっぱり、この人って思う人と恋愛して、その結果、さびしさを忘れたくないですか？

「どうして私とつきあいたいの？」って聞いて「さびしさを忘れたいんだよ」って言われたら、困りますよね。やっぱり、「あさひじゃないとダメなんだよ。あさひが好きなんだよ」って言われたくないですか？

では、友達はどうですか？　お昼ごはんをひとりで食べたくないから友達が欲しいのなら、誰でもよくなりませんか？

「みじめになりたくないから友達になって」と言われたら、あさひさんは嬉しいですか？　もし、もう一人のクラスメイトがやって来て「あさひさんと話が合いそうだから友達になって。あさひさんにとっても興味があるの」と言われたらどうですか？

あさひさんは、どちらの人と友達になりたいですか？

もし、あさひさんが「私はみじめになりたくないから友達が欲しいの。それだけなの。私がひとりでみじめにならないなら、どんな人でもいいの」と思っているのなら、僕の相談はここまでです。

お互いがお互いのことにまったく興味がないのに、ひとりになりたくないから友達のふりをしている人達はいます。そういう人達は、相手の話を聞かないで自分のことだけを話します。そして、心の深い所で相手に退屈していたり、バカにしていたりします。何人かで話していて、一人がトイレに行くと、すぐにその人の悪口が始まる集団は、そういう人達が集まっているのです。

でも、別れないのは、ひとりはみじめで、さびしいと思っているからです。

ちなみに言うと、そういう恋人同士もいます。本当は相手のことをちっとも好きじゃないのに、さびしくて、恋人がいないと思われたらみじめだからつきあっている人達です。

僕は、そういう人を見るたびに、「そんな相手とつきあう苦痛」と「みじめでさびしいと思う気持ち」を天秤《てんびん》にかけます。

どういう意味か分かりますか？　さびしさやみじめさから友達になった相手といると、本当の友達ではないですから苦痛を感じます。でも、もし、そういう関係がいやだと拒否して友達にならなかったら、みじめさやさびしさを感じます。

どっちを選んでも、マイナスの気持ちが生まれます。だったら、どっちのマイナスの気持ちの方が大きいかを考えるのです。

あさひさんは、どっちの気持ちの方が大きいですか？

どっちの気持ちの方がいやですか？

えっ？　そんなこと考えたこともない？　では、考えて下さい。ゆっくりと。落ち着いて。自分はどっちがいやなのか。もちろん、パッと考えれば、どっちもいやです。でも、じっくり考えると、どっちの方がよりいやか、微妙《びみょう》な違いを感じてきませんか？

究極の選択ですね。「うんこ味のカレーとカレー味のうんこ」のどっちを選ぶのか。「本当の友達とは思ってくれない人達といつも一緒にいる」か「ひとりでお昼をたべたり教室を移動したりする」か。

でね、あさひさん。

この究極の選択に答える前に、もし、あさひさんが「みじめでさびしいのはいやだから友達が欲しいんじゃないです。私は本当の友達が欲しいんです」と思ったとしたら――。

では、僕は聞きます。あさひさんにとって、本当の友達はどういう人ですか？　もっと簡単に聞くと、「どんな人と友達になりたいですか？」。

好きになるタイプってわりと決まってないですか？　スポーツマンだとかイケメンだとか面白いとか賢《かしこ》いとか。

友達になりたいのはどんなタイプですか？

あさひさんの相談を読んでいると、どうも、抽象的な友達を求めていて、具体的な友達のイメージがないように思えるのです。

なんだか、恋に恋する純情乙女みたいな感じです。恋に恋している時は、あんまりタイプはないでしょう？　ただ、恋人が欲しいと思うだけなのです。

「どんな人と友達になりたいですか？」

例えば、「気が合う人」。なぜ気が合うのでしょう？　気が合うのは理由があると思いませんか？　同じアーティストが好きとか、趣味が似ているとか、興味のあるものが近いとか。

僕は人間関係は「おみやげ」を渡し合う関係が理想だと思っています。

「おみやげ」って言うのは、あなたにとってプラスになるものです。楽しい話でもいいし、相手の知らない情報でもいいし、お弁当のおすそ分けでもいいし、優しい言葉でもいいし、なぐさめでもいいし、マンガやＤＶＤを貸してあげるのでもいいし、勉強を教えてもいいし。とにかく、あなたが嬉《うれ》しくなったり、助かったり、気持ちよくなったりするものやことです。

AさんとBさんがいて、いつも、Aさんは「おみやげ」をBさんに一方的に渡すだけで、Bさんからは何もお返しがなかったとしたらどうなるか、想像してみて下さい。

Aさんはいつも Bさんに、面白い話をしたり、ネットの耳寄《みみよ》りな情報を教えたり、元気づけたり、オシャレ小物をあげたり、グチをきいてあげたりしている。Bさんは、ただそれを受け取り、喜び、聞いているだけ。Bさんは、何もAさんに渡してない。

そういう関係は長続きしないと僕は思っているのです。

そして、恋愛も友情も、お互いが「おみやげ」を渡し合えている限り、関係は続いていくと思っています。

でも、どちらかが「おみやげ」を受け取るだけで、何も返さなくなったら、その関係は終わるだろうと思っているのです。

利害関係とは、ちょっと違います。「おみやげ」関係は、もっと人間同士の受け渡しというか、大きなことからささいなことまで、物質的なことや精神的なこと、気持ちまで含んだ全体的な関係のことです。

僕は「おみやげ」関係が、人間関係の基本だと思っているのです。

残酷《ざんこく》な考え方だと思いますか？

でも、あさひさんに友達がいて、その人はいつもあさひさんに頼って、いつもグチを言って、いつも相談をもちかけているとしたらどうですか？

あさひさんが自分の相談をしてもちゃんと聞いてくれなくて、あさひさんの気持ちじゃなくて、自分の気持ちばっかり言い続けたら、あさひさんは友達を続けたいと思いますか？

お互いがちゃんと「おみやげ」を渡し合う関係にならないと友達を続けられないのです。

僕は大学時代、文学好きの友達に会う前は、必死になって最新の話題作を何作か読みました。そして、「あいつならこれを気に入るんじゃないかな」と思う本の話をしました。友達は、目をキラキラさせながら、僕の情報を喜んでくれました。それは僕なりに考えた「おみやげ」でした。

どうですか？　あさひさん。

あさひさんは、グループの４人にどんな「おみやげ」を渡していますか？　パンケーキ屋さんに１時間半も前からひとりで並んだのは間違いなく「おみやげ」です。それ以外は、どんな「おみやげ」を渡していますか？

えっ？　自分は最下層で「おみやげ」なんて人に与えられない？

あさひさんは、すごく落ち込んでいるとき、相手が微笑《ほほえ》むだけでホッとしませんか？　それは立派な「おみやげ」です。髪を切った時、「似合ってるね」と言われたら、嬉しくなりませんか？　その一言は素敵な「おみやげ」です。

そして、あさひさんは、その4人からどんな「おみやげ」をもらっていますか？ただ、お昼と移動教室の時にひとりにならないというだけの「おみやげ」ですか？

さて、あさひさん。長い文章になりました。

僕は中学時代、「友達のふりをする苦痛」と「ひとりのみじめさ」を天秤にかけて「ひとりのみじめさ」を取りました。グループから抜けて、ひとりでもいいと決意したのです。

それでも、何人かはときどき話しかけてきてくれました。ひとりになってさびしい時に、話しかけてくれるだけでも、それは僕にとって「おみやげ」でした。

そういう時、自分はどんな「おみやげ」が渡せるだろうかと考えました。

相手にとって何が「おみやげ」になるかを考えることは、つまり、相手を理解しようとすることです。音楽に興味のない人にいくら最新の音楽事情を話しても、それは

「おみやげ」になりません。自分が興味あることと、相手が興味あることが違うことはよくあります。

そうやって、考えながら「おみやげ」を渡しているうちに、ひとり、本当の友達ができました。たったひとりでしたが、さびしさもみじめさもなくなりました。じつは、彼も「ひとりのみじめさ」を選んで、グループから抜けた人間でした。

あさひさん。これは僕の場合です。

あさひさんは「友達のふりをする苦痛」と「ひとりのみじめさ」を自分で天秤にかけないといけません。焦《あせ》らず、ゆっくり考えて下さい。

そして、「この人と本当の友達になりたい」と思う人がいたら、「自分はどんな『おみやげ』を渡せるんだろう」と考えるのです。

「おみやげ」は押しつけるものではありません。相手がいやがるものでもいけません。相手がもし、あさひさんの「おみやげ」を受け取る気持ちがないようなら、あきらめるしかありません。ただ、その人がくれた「おみやげ」に感謝していること、嬉しかったことは伝えましょう。

相手への「おみやげ」を考えることは、人間を理解しようとすることです。それは決してムダな努力ではないです。

その努力は、あさひさんを成熟させます。人間を見る目を養い、相手の気持ちを察《さっ》することができるようになります。

そんな素敵な人は、みんなが友達になりたいと思う人なのです。

相談11

「素直に」「普通に」の日本語の使い方について イギリス人の友人から困った質問をされています

27歳・男性 Q

僕には日本在住3年になるイギリス人の友達、ジョンがいます。ジョンは某《ぼう》超優秀国立大学の大学院に通っています。頭がよくて瞬《またた》く間に日本語を覚え、いまや僕が知らないというか普通の日本人が使わない語彙《ごい》も覚えだしました（関係ないですが、ビル・ゲイツそっくりです）。

これまでジョンによく質問されて、日本語のニュアンスを教えていたのですが、最近、どんどん質問が高度になってこの間も困った質問をされました。

・なんで日本人は「嬉しい」の前に「素直に」をつけるのか。つまり、例《たと》えばスポーツ選手がいい成績を残すと「素直に嬉しいです」というあれです。

もうひとつ、

・なんで日本人のSNSは、「普通にすごいでしょ」「普通にNGでしょ」と、なんでも「普通に」をつけるのか。「素直に」と「普通に」は枕詞《まくらことば》のようなものなのか。

なんだか「うっ」と思いました。枕詞なんていつの間に覚えたんだか。でもやっぱり答えづらいというか。日本にきたばかりの頃、すごく日本のことをほめていたのに、最近、ちょっと日本批判が多くなっていて、そうすると僕も気分よくはありませんし。もしかしたら批判したくて聞いているのかなと。「僕は使わないけどね」と言ったら「Qも言っていたよ」と返され、余計に「うっ」と（言った記憶ないんだけど）。なんか、うまく答えられる自信もなく、「日本語は複雑で察《さっ》しあうのを大切にする言葉だから、まだジョンにはわかりにくいよ。うまく説明できるように考えておくよ」と言って終わらせてしまい、その後でちょっと落ち込みました。

昔、「なんで日本人はお礼を言うときも挨拶《あいさつ》するときもすみませんなのか」とジョンに言われたときは、日本の謙虚文化を説明したら、おおいに納得してくれたのですが、やっぱり質問がどんどん複雑になってきていて、今回はうまく答えられませんでした。これって、なんとなく同調圧力とか忖度《そんたく》も関係あるようなないような。
毎週のようにテレビで外国の方々とトークしている鴻上さん、ジョンみたいな質問ありましたか？　鴻上さんならどう答えますか？

………………

Qさん。日々の日本国民としての国際親善のお勤《つと》め、ご苦労さまです。Qさんのような努力の積み重ねが、国際平和へとつながるんだと僕は思っています。いや、本気です。

将来、もし日本が国際紛争を解決する手段として武力を行使しようとする時が来たら、どんなに正義の御旗《みはた》が掲《かか》げられていても、相手国に友達がいることは、戦争への最後の理性的抑止力になります。武力ではなく、外交で国際紛争を解決しようと粘《ねば》り強く交渉する一番の理由は、戦う相手国に友達がいて、戦場で殺し合うかもしれない、友達の家族に爆弾を落として殺すかもしれないという可能性を認識することですから。

さて、僕なら、ジョンにこう答えます。

昔、江戸時代まで日本は「世間」というシステムによって構成されていました。国民の多数である農民は「村落共同体」という「世間」に所属していました。商人は商家、武士は藩《はん》が「世間」でした。

村の「世間」の人口が一番多いので、村で説明します。

江戸時代、年貢《ねんぐ》は村単位でした。村全体が年貢を払うためには、村はひとつにまとまらなければなりませんでした。

ですから、村の最大テーマは、「利水《りすい》」でした。稲作や畑作のためには、村全体の田畑にまんべんなく水を引くことが最重要課題でした。

雨がたくさん降った年はいいですが、日照《ひで》り気味の年では、どこか一軒の農家が水を大量に使ってしまったら、他の田畑は全滅してしまいます。

ですから、村の掟《おきて》、「利水」に関するルールは死活問題で絶対に従《したが》うものでした。

「村八分《むらはちぶ》」という言葉をQさんは知っているでしょうか？　村の掟に背《そむ》いた者は、火事と葬式の時以外は無視するという厳しい処分のことですが、火事と葬式は人間的優しさで許しているわけではありません。

火事は手伝って消さないと村全体に広がりますし、葬式は放っておくと死体を埋《う》めないままで腐って疫病《えきびょう》が広がる可能性があったから手伝ったまでです。

この厳しさは、キリスト教やイスラム教などの一神教が信者に要求する強さと同じものです。

旧約聖書に書かれた、神から与えられた戒《いまし》め「モーゼの十戒《じっかい》」は、日本人には「盗むな」とか「姦淫《かんいん》するな」として知られていますが、一番目の戒めは、「わたしの他に神があってはならない」です。神は、私を唯一《ゆいいつ》の神として信じる限り、お前を守ろうと言うのです。

村という「世間」も同じです。村の掟を守っている限り、お前を守ろうというのです。

日本人は宗教に関してはいい加減で、キリスト教の教会で結婚式をあげて、葬式は仏教で、初詣《はつもうで》は神道で……なんて言われてますが、「世間」という強力な一神教が存在し、日本人を守っていたのです。

実際、田植えの時期に身体を壊した一家の労働を、他の家族が肩代《かたが》わりした例は普通にあります。水を平等に分配し、村の掟を守っている限り、村全体で住民を守ったのです。それが「世間」というものでした。

今でも田舎に行くほど、高齢になるほど「世間様に申し訳ない」とか「世間体が悪い」なんて言い方をする人が増えます。

江戸時代までの「世間」は、例《たと》えば、村の若者に嫁の来手《きて》がない時は、村共通の課題として相手を探しました。結婚し、子供を生み、村の未来の働き手を確保することが村の重要な課題だったからです。

ですから、村人にとって「世間体が悪い」ことは重大問題になりました。「夜遅くまで遊んでいては、世間体が悪い」というのは、村の中では、「あそこの息子さんはどうも自堕落《じだらく》でだらしない。あんな男には、なかなか、嫁は世話できない」と思われたのです。

「世間」に所属している限り、生活はできました。逆に言えば、「世間」からハジキ飛ばされたり、抜けたりすることは生活の終わりを意味しました。

武士で言えば、「世間」である藩を抜けること、脱藩《だっぱん》はそれだけで犯罪でした。無宿者《むしゅくもの》はなかなか生きていけなかったのです。

ところが、明治になって政府は「社会」という概念を導入しました。村や藩、商家という「世間」だけでは、国家が成り立たないからです。

教育のために、村や階級を超えて学校に人々を集めないといけません。殖産興業《しょくさんこうぎょう》のために、やはり、村や階級を超えて労働者を集めなければなりません。富国強兵《ふこくきょうへい》のために軍隊もまた「世間」を超えて集めなければいけません。

そのために、「社会」という考え方を国民に植えつけようとしました。

西洋には「世間」はありません。じつは、昔は「世間」と呼んでいいものがあったのですが、徹底的なキリスト教の教化によって、「社会」だけになりました。

詳しいことはさておき、とにかく明治政府は西洋型に改革しようとして「世間」を解体し、「社会」を定着させようとしましたが、上からの改革はなかなかうまくいきませんでした。

明治から100年以上たっていますが、まだ日本人には、「社会」という概念より、「世間」という考え方の方が身近なのです。

例えば、「最近、あんた評判悪いよ」と言われて、「誰が言ってるんだよ？」と聞き返して「みんな言ってるよ」と答えられた時、多くの日本人はドキッとしたり、チクリとしたりするはずです。

そのダメージの大きさが、どれぐらい強い「世間」に生きているかを教えてくれます。

田舎の寄り合いでこの会話をしたら、多くの人はドキリとするでしょう。近所の人達40人が、全員、悪口を言っていると思ってしまうかもしれません。

外資系の会社のオフィスの片隅《かたすみ》で、この会話をしたら「みんな？　エブリバディ？ジョンもスージーもチャンも？　そんなバカな」と鼻で笑うでしょう。40人の社員のうち、何人かは悪口を言ってるかもしれないけど、全員なわけがない、とあなたは冷静になるでしょう。

おばさま達の団体旅行にぶつかると、まざまざと世間を見ます。電車がホームに着いて、先頭のおばさまが飛び込んで、いきなり座席を確保します。そして、後から乗り込んでくる人に向かって「鈴木さん！　佐藤さん！　こっちこっち！」と叫《さけ》びます。

でも、そのおばさまの次に乗り込んだ無関係の乗客は、「私が次なんだけどなあ」と唖然《あぜん》とするのです。

おばさんにとって、知り合いの鈴木さんや佐藤さんが「世間」です。自分のすぐ後ろにいた一般の乗客は「社会」です。

このおばさんは、「世間」の中では、性格がよくて面倒見がいい人で通っているはずです。でも、このおばさんは「社会」の人達は無視します。というか、おばさんにとって存在しないのです。

「世間」とは、「現在、および将来、あなたと関係がある人」のことです。

「社会」とは、「現在、および将来、あなたと何の関係もない人」のことです。

現代において「世間」は、職場の人だったり、隣近所の人だったり、公園のママ友だったり、PTAのメンバーだったり、学校やサークルの人達だったりします。

「社会」は、道ですれ違った人、一回だけ入ったお店の店員、同じ電車に乗っている人など。本当に自分と無関係な人達です。

現在、私達は、「中途半端《ちゅうとはんぱ》に壊れた世間」に生きています。壊れ度合いは、所属している所によります。

職場で比較的「世間」が強く残っているのは、職種では、銀行、公務員、教員、電力会社などです。

さて、Qさん。長い「世間」と「社会」の説明をしてきました。申し訳ないです。

でも、この基本認識がないと、ジョンの疑問に答えられないと僕は思っているのです。

「世間」とは、共同体を尊重する考え方です。「社会」とは、個を大切にする考え方です。

私達日本人の身体には、「世間」の考え方が染《し》み込んでいます。詳しい説明はしませんが、先輩・後輩というのも「世間」のルールですし、お中元やお歳暮もそうです。引っ越し祝いも「先週はごちそうさまでした」という言葉も、「いつもお世話になっています」という会社の返答もすべて「世間」の考え方です。

体育会系の組織は、「世間」が強いです。先輩が無理を言えば呑《の》み込み、「突っ込め」という指示があっても自分の判断だと言わなければいけません。

個人より、チームとか団結とか絆《きずな》を求められます。全体としてどうだったか、集団として何を思うのかが優先されます。個人がどう思うのか、個人としてどうだったかを言うと、「場違い」とか「空気を読め」と言われたりします。

でも、どうしても自分の感想を言いたい時があります。そういう時は、「世間」の中で、個人の感想を語ることが許される言葉を選びます。

それが「素直に」という表現です。

本当はこんな感想を語るべきじゃないんだ。成績がよくなかった仲間もいる。チームとしての課題もある。指導してくれたコーチへの感謝を先に述べなきゃいけないのも分かっている。だから、そういう人達への配慮をしないまま、単純に「嬉しいです」と言ってはいけないのは分かってます。でもね、心のままに言えば、「素直に」言えば、嬉しいんです。

こんな言い方もできます。

心のままに言うことが、「世間」に対して配慮不足かもしれないことは分かっています。チームの和とか団結を乱すつもりはまったくありません。ただ、その配慮をいったん置いて、「素直に」話せば嬉しいんです。すみません。今はこの気持ちをどうしても言いたいんです。分かって下さい。

どちらも、「世間」という公《おおやけ》が強い空間で、個人の感想を語ることを許してもらうための言葉が「素直に」という表現なのです。

物凄《ものすご》く威圧的で威張《いば》る先輩と従順な後輩がマラソン大会に出たとします。後輩はなんと一位になります。学年最後で、もう後がない先輩は、百位以下という成績でした。

後輩にマスコミが集まります。その横で先輩が睨《にら》んでいます。

その時、後輩が「ものすごく嬉しいです」と答えると、先輩の怒りは燃え上がるでしょう。でも、「素直に嬉しいです」と言えば、先輩も少しはその心の動きを理解します。「素直に」嬉しく感じてしまうのは人間として当然なんだと。

「世間」という厳しい現実を生き延びる後輩の知恵でもあります。

もちろん、個人の責任で戦ってきた、つまり「社会」で育ってきた人達は、嬉しい時は嬉しいと言えばいいだけなのです。


「世間」は、共同体ですから、みんな同じだと思いこみます。「うちの会社じゃそうやってきたんだ」「うちの地域はみんなそうしてるんだよ」「それがこのクラブの伝統でありルールなんだよ」……これらは全部、「世間」の考え方から出てくる言葉です。


みんな同じ仲間だと思うから、「普通」という概念が出てくるのです。「社会」に生きる人はバラバラです。みんな違いますから、「普通」という考え方はできません。

ニューヨークの小学校の教室を覗《のぞ》けば、そこには、「普通」はないことがよく分かります。人種も文化も違う子供達が集まっているのです。

でも、日本人は、外見が似ていて、なんとなく共通の文化に生きていると思っています（じつは誤解なんですが）。

だから、いまだに、「普通に言うでしょ」「それ、普通でしょ」とスタンダードを持ち出すのです。

でも、私達は「中途半端に壊れた世間」に生きていると言いました。田舎でさえ、文化や指向《しこう》は多様になってきています。朝6時、公民館から流される音楽をやめて欲しいと願う人達が出てきました。まして、外国人もたくさん生活し始めています。「普通」と簡単に言えない状況になりつつあります。

どうでしょうか、Qさん。

納得するかしないかはQさん次第ですが、異文化の外国人とつきあうということは、自分が当り前だと思っていることを揺《ゆ》さぶってくれます。それは、とても素敵なことだと僕は思っているのです。

「世間」の説明をもっと詳しく知りたいなら、拙著《せっちょ》『「空気」と「世間」』（講談社現代新書）。中高生向けには、『「空気」を読んでも従わない』（岩波ジュニア新書）。外国人との異文化のぶつかり合いを知りたいなら『クール・ジャパン!?』（講談社現代新書）を。宣伝みたいになりましたね。いや、申し訳ないです（笑）。

相談12

人前で話すことが怖いです。あがり症のなおし方を教えて下さい！

31歳・男性　りゅう

私は、自分でもいやになるほどのあがり症です。中学生くらいまでは学校行事の発表など、とくにあがることもなかったと記憶しています。なのに、自分でもなぜかわからないのですが、高校の時、英語スピーチの大会に出ることになって、いざ本番、自分でもどうかしているというほど緊張して自分をコントロールできず、結局、練習の半分もうまくいきませんでした。なぜあの時、あんなにあがってしまったのか、自分でも自分にびっくりしましたが、友達にも「どうしちゃったの？　そんな緊張しぃだったっけ？」とびっくりされたほどでした。

そこから、人前で話すことがさらに怖くなり、大学ではそういう場は避《さ》けていましたが、ゼミの発表など必須《ひっす》のこともあって、本当に憂鬱《ゆううつ》でしたし、やっぱりうまくいきませんでした。会社に入っても、プレゼンなど発表形式で、人前で話す時にどうしてもあがって声がうわずってしまうのです。重要なプレゼンに僕が指名されることは、今ではほとんどなくなりました。どうにかこのあがり症をなおしたいです。

鴻上さんは、舞台でどうしても緊張してしまう俳優さんがいらしたら、どんなふうに緊張をほぐすようアドバイスしていますか？　もしなにかあがらない方法があるなら、ぜひ教えて下さい。

りゅうさん。

安心して下さい。あがらない方法はたくさんあります。

昔から、俳優も緊張してきました。それはそうですよね、何百人もの観客の前で話したり、カメラと何十人ものスタッフの前で演技するのです。

緊張しない方がおかしいのです。

ですから、演劇界には、「緊張しない・あがらない」方法の蓄積《ちくせき》がたくさんあります。世界中の演出家や俳優が、いろいろと試行錯誤《しこうさくご》して、生み出してきた方法です。

と、書きながら僕は少々、戸惑《とまど》っています。

というのは、じつは、まさに昨日、『リラックスのレッスン～緊張しない・あがらないために～』という本の原稿を書き上げたばかりです（2019年1月に大和書房から発売されました）。

緊張をほぐす方法を、演劇界の蓄積と僕自身の経験と発見を基《もと》に丁寧《ていねい》に順を追って書いていたら、400字詰め計算で、300枚ぐらいの分量になりました。

今、その全部が頭の中でぐるんぐるんしてます。

もちろん、ここで300枚分のことを伝えるのは不可能です。回答が何カ月にもわたってしまいますからね。

なまじ、本を書いてなければ、この分量におさまるアドバイスができたと思うのですが。でもまあ、そんなことを言ってもしかたないです。

りゅうさんのように、学校の出来事がきっかけで極端なあがり症になったという人は多いです。いえ、ほとんどと言っていいでしょう。小・中・高校の授業で当てられて、教科書を読んで周りに笑われた。それ以降、人前ではうまく話せなくなった、というのが、一番、悲しいですが多いケースです。

りゅうさんの場合は、英語ですから、さらにレベルが上でしたね。母国語じゃない言葉を人前で話す時は、どんなに練習していても、緊張します。しょうがないのです。僕がイギリスの演劇学校で公演に出演した時、最初のセリフを言う時に心臓がバクバクしました。最初が短いセリフだったのでなんとかなりました。もし、りゅうさんのように、長い文章だと立ち往生《おうじょう》していたかもしれません。

さて、りゅうさん。

りゅうさんは、緊張するのは「ゼミ」や「プレゼンなど発表形式で、人前で話す時」と書いていますが、その他の場合はどうですか？

僕が何を言いたいか分かるでしょうか？

「人前」の定義を厳密にしようとしているのです。

りゅうさんは、相手が１人でも緊張しますか？　会議室で、１人に向かって発表する時に緊張しますか？

１人はさすがに緊張しないとしたら、３人はどうですか？　３人は大丈夫でも、５人になると緊張しますか？

では、それが会議室ではなくて、いつもの居酒屋や喫茶店だったらどうですか？

いつもの居酒屋や喫茶店で、５人を相手に話すと緊張しますか？

では、その5人が全員、入社したばかりの新入社員でも緊張しますか？　5人が中学校の時のクラスメイトだったらどうですか？　5人が全員ガールズバーから来たお姉ちゃん達だったらどうですか？

りゅうさんは、人間の違いによって、どれぐらい緊張が違いますか？

こうやって、自分が緊張する時の「人数」「場所」「人間」を明確にしていきます。

それは、「人前」で緊張すると言う人は、漠然《ばくぜん》としか「人前」をとらえてないからです。つまりは、曖昧《あいまい》なイメージの「人前」に怯《おび》えているのです。

でも、りゅうさん。敵と戦う時に、敵の正体が分からない時が、一番、やっかいでしょう？　正体が分からない敵が一番、怖いじゃないですか。

「敵が来たぞ！」「何人だ？　どこからだ？　装備は？」「分かりません。とにかく、敵です！」は怖いです。

まだ「500人です！　上空からです。アメリカ空軍なみの装備です！」の方があきらめがつきます。無駄《むだ》な努力はやめようと、却《かえ》って心が落ち着くかもしれません。

僕は人前で話す時は、基本的に緊張しませんが、一度、2500人の前で『孤独と不安のレッスン』を1時間語ったことがあって、死にそうになりました。

「人前」もいろんなレベルがあるのです。

でね、りゅうさん。自分が緊張してしまう「人前」が分かってきたら、逆に緊張しない「人前」も明確になってくると思います。

一番、分かりやすい例だと、「とにかく2人以上の同僚か上司に会議室で話すのは緊張する」と分かると、まず、1人を相手に話します。最初は喫茶店とかがいいでしょう。相手になってくれる人はいますか？　同僚がつきあってくれると一番いいのですが、いなければ、友人でも恋人でもいいです。

そこで、ちゃんと話せたら、その「勝ち味《あじ》」をかみしめましょう。そして、自分をちゃんとほめてあげましょう。

「自分は、一人が相手なら、緊張しないで話せるんだ。えらいぞ、俺」とほめるのです。

りゅうさんは昔、英語の発表で強引に「負け味」を口の中に押し込められたのです。ひとつひとつ、丁寧に回復していきましょう。

1人を相手に、喫茶店でちゃんと話せたら、2人の同僚を相手に会議室ではなくて、喫茶店で話してみましょう。「人数」「場所」「人間」のうちのひとつをレベルアップしてみるのです（ちなみに「場所」は、りゅうさんがホッとできる場所ほど、ハードルが低いです。ですから、同僚２人を、「自宅」に招いて、そこで発表する、なんてのが、一番、場所的にはリラックスできるでしょう）。

もし、それがうまくいったら、会議室に移動しますか。同僚や上司だと緊張するのなら、新人君に頼みましょう。それがうまくいったら、いよいよ、会議室で同僚２人を相手にします。

そうやって、丁寧に「勝ち味」を重ねていくのです。

りゅうさんが今、とにかく、どんな「人前」でもダメだ、とにかく人が怖いという状態なら、「社交不安障害」という病気の可能性もあります。でも、病気ですから、病院で専門医に診《み》てもらえれば治ります。「うつ病」よりも、「社交不安障害」の方が自然治癒《ちゆ》の可能性が低いと言っているお医者さんもいます。軽い気持ちで、心療内科か精神科を受けて下さい。

そうではなく、緊張する「人前」と緊張しない「人前」が区別できる場合は、緊張しないレベルから焦《あせ》らず、ゆっくり、「勝ち味」を味わいながら進んでいきましょう。

大丈夫。中学校以前は普通に話せたのです。その状態に戻るだけです。

焦らず、一歩ずつ進みましょう。

もっと詳しい方法を知りたいなら、『リラックスのレッスン～緊張しない・あがらないために～』を読んで下さい。あ、いや、これは本当に宣伝ではないのですが、まさに宣伝みたいになってしまいました。困った。

相談13

大学を休学、何もしていない自分への嫌気《いやけ》で苦しくなります

22歳・女性　しろくま

私は現在、大学を休学しています。

3回生になり、グループワークが増え、元々周囲に上手《うま》く馴染《なじ》めずにいた私は一層疎外《そがい》感を強く感じるようになりました。人前で発言することが苦手で、自分の役割を確立できずにいた私の態度が周囲には非協力的に見えたのかもしれません。私自身、本当に熱心に取り組んでいたかと問われたら、否定するしかできません。はっきりした原因は分からないけど全て自業自得《じごうじとく》なのだと分かってはいますが、周囲からの冷たい態度や陰口《かげぐち》を聞くのは辛《つら》く、誰も味方がいないとの思い込みから3回生の終わり頃、大学へ行くことができなくなり両親とも相談の上、休学するに至りました。

4回生の1年間は個人での実験研究になるため、気苦労も減るだろうと、教授は復

学して3回生の半分と4回生をやり直すことを勧《すす》めてくださっています。母親もきっとそれを望んでいるのではないかと思います。それでも私はたぶん、周りのメンバーが変わっても同じことで躓《つまず》き、苦しむと思い、怖いです。1年半をやりたくもないことに費やすより趣味に全力で没頭《ぼっとう》したいとも思うので、退学してしまいたいとも思っています。

時間のある今だからこそできる、やってみたいことがたくさんありました。でもいざ始めようとすると「どうせ上手くいかない」「それをやって何になるのだ」などとマイナスなことばかり考えてしまいます。考え出すと体が重くなり立ち上がることもままならなくなります。

そうやって日々を過ごすとまた、自分が何もしていないことに対して嫌気が差し、苦しくなります。

もっと苦しく辛い状況で頑張っている人もいるのに、この程度のことで逃げ出した自分が嫌になることもあります。こうなるくらいなら復学して、嫌なことでも何かをし続けた方がいいのでしょうか。これから自分がどうやって生きていけばいいのか分かりません。

やりたいと思っていたことさえやらない、自分で選んで入った大学での勉強もやりたくない、我儘《わがまま》で堕落《だらく》した自分の全てが嫌いで仕方ないです。自分を好きになりたいです。全《まっと》うな人間になって両親を安心させたいです。

……………

しろくまさん。その後、毎日、どうですか？

じつは、僕はしろくまさんの相談に回答するかどうか、ずっと悩んでました。

しろくまさんの相談は、とても、混乱しています。

どう読んでも、しろくまさんが自分のことを「我儘で堕落した自分」と書く理由が分かりません。

「自分を好きになること」と「全うな人間になること」と「両親を安心させること」は、同じように見えてじつは違うと僕は思うのですが、それも一緒《いっしょ》くたになっています。

しろくまさんの相談は、何が問題なのかはっきりしてないと僕は感じます。

はっきりしていることはただひとつ、「私は混乱している」ということです。

でね、しろくまさん。僕は人生相談の回答者なのに、しろくまさんの相談を読んだ時に、すぐに、心療内科か精神科の受診を勧めたいと思ったのです。

驚きましたか？　でもね、しろくまさん。

しろくまさんの相談は、ゆっくりと解きほぐしていくレベルのものだと感じるのです。

僕がここで語る以上の手続きが必要だと僕は感じるのです。

もちろん、僕は専門家でないので僕自身の感覚でしかないのですが、しろくまさんの状態は、「不安障害」と呼ばれるものか、うつ状態の初期症状のような気がします。

いえ、間違いかもしれません。それを確かめる意味でも、軽い気持ちで受診されることをお勧めするのです。

心療内科も精神科も、ずいぶん敷居《しきい》が下がりました。うつに苦しんでいた私の友人達は、「なんでもっと早く病院にいかなかったんだろう」と例外なく言いました。

診察室に並ぶ人達を見て、「なんだ、自分と同じような人達じゃないか」と思ったと語った友人もいます。

もちろん、いろんなお医者さんがいます。話をほとんど聞かないでいきなり薬を処方しようとする人もいれば、丁寧《ていねい》に話を聞いてくれる人もいます。

しろくまさんが、安心できる人に会うまで、根気《こんき》よく探してみてくれませんか？
人生相談なのに、受診を勧めるのは、ある意味、仕事の放棄《ほうき》かもしれません。でも、僕には、これが一番いい回答だと思えるのです。
しろくまさんの人生は、まだ始まったばかりです。大丈夫。時間はたっぷりあります。焦《あせ》る必要はないのです。
勇気を持って、気軽な気持ちで、病院の扉を叩《たた》くことを祈ります。

相談14

妻が私の欅坂《けやきざか》46好きを「50代のオジサンのくせに気持ち悪いし恥ずかしい」となじります

54歳・男性　ねる推し

私は、欅坂46の大ファンです。コンサートや握手会に行くのが私の人生の最大の楽しみです。ですが困ったことに、妻が私の欅坂好きをなじります（最初は隠していましたが、グッズ購入やPC履歴などでばれました）。「50代のオジサンのくせに気持ち悪いし恥ずかしい」「成熟してないものを好きなのは、あなたが幼稚だから」と。一度「いいじゃん、ただの趣味なんだから」と開き直ってみたら、妻はますます不機嫌《ふきげん》になって夫婦間の雰囲気が悪くなりました。

妻はもともと能やクラシックが好きで、時々私もつきあわされるのですが、正直眠たくなるのです。チケット高いのに、猫に小判だと思うのですが、妻いわく「あなたはジャンクフードばかり食べて育ってきたようなもので、ちゃんとした料理の味を知らないのよ。そのうちわかる」と。

でもやっぱり僕が行きたいのは、欅坂のライブです。生きててよかったと思うほど最高の時間で、アドレナリンがでます。ちなみに僕の推《お》しメンは長濱《ながはま》ねるちゃん。ねるそん、サイコー!!

最近はしょうがなく飲み会やジムに行くなどと嘘《うそ》をついてコンサートに行っています。コンサートグッズは仕事場の倉庫にこっそり隠しています。

50代のおじさんが欅坂ファンじゃだめですか？　子供も社会人になって父親の責任は果たしたし、自分が好きなことをしたいです。妻にも、理解してくれなくてもいいから、ほうっておいてもらいたいです。どうしたら妻の文句から逃れられるでしょうか？

ねる推しさん。幸せですねえ。54歳で妻と一緒《いっしょ》にクラシックや能に行くんですか。
奥さんは、本当にねる推しさんのことが大好きなんですね。大好きな人には、自分と同じ趣味を持ってもらいたいと思ってしまいますからね。

奥さんは、ねる推しさんのことが大好きだから、若い娘達（なんという表現でしょう）に熱狂するねる推しさんが許せないんですね。なおかつ、長濱ねるちゃん、推しですもんね。可愛《かわい》いだけじゃなくて聡明《そうめい》な女性ですもんね。奥さんは、ますます許せなくなるでしょうね。

えっ？　そんなはずはない？　妻の愛はそんなに感じない？

では、ねる推しさん。半年でいいので、若い女性が登場しない、奥さんが嫉妬《しっと》する必要のない趣味に熱狂したフリをしてみて下さい。

「ジオラマ」でもいいし「盆栽《ぼんさい》」「登山」でもいいです。断言しますが、奥さんの機《き》嫌《げん》はなおるはずです。そして、「どんなところが面白いの？　教えてくれる？」と歩み寄ってくるはずです。

さて、以下の文章は、その検証の後に本当は読んでほしいのですが、奥さんがねる推しさんのことを大好きなうちは、どんなに頑張っても、欅坂46のファンであることは認めてくれません。

だって、ねる推しさん。思い出して下さい。あなたが奥さんと恋愛に燃えていた頃を。奥さんが若い男性アイドルの写真集を集め、何度もコンサートに通っていたら、心穏やかじゃなかったと思いませんか？　若い男性アイドルに熱狂する奥さんを、批判したり冷めた目で見たくなったと思いませんか？

えっ？　そんな昔のことは忘れた？

そうですねえ。結婚生活というものは、恋愛の高熱から日常へとシフトしていくものですからね。

だから、ねる推しさんは、「奥さんに悪い」という感情がないまま、長濱ねるちゃんに熱狂できるのですね。

でもね、奥さんは違うんです。奥さんは、まだねる推しさんのことが好きなんです。だから、一緒におでかけしたいし、同じ趣味を語りたいのです。

ねる推しさんは、なんて幸せ者でしょう。54歳でそんなふうに思われている日本人の夫は少ないと思いますよ（いや、想像ですけど）。

ですから、奥さんからの文句を逃れる方法はひとつだけです。奥さんが、ねる推しさんに何の興味もなくなることです。好きじゃなくなればいいのです。

関心がなくなれば、何していても関係ありません。

そのための方法としては、「奥さんの悪口を言う」「ダメな人間になる」「ものすごくケチになる」「寝ている時にうんこを漏《も》らす」などなどあります。

奥さんがねる推しさんに呆《あき》れれば、何をしても自由になります。

どうですか？　じつに実践的な解決方法です。

でも、もし奥さんとの関係が冷えきるのが嫌なら、奥さんといい関係でいたいのなら、ずっと奥さんに隠しながら、決してバレない努力をしながら、欅坂ファンを続けていくのです。

それは苦しくないのか？　そんなことができるのかって？　かつての隠れキリシタンの人達の苦行と努力に比べれば、なんでもないです。見つかったから殺されるわけでもないし。

欅坂がねる推しさんと共にあらんことを、天草四郎《あまくさしろう》さんの霊と共に祈ります。

相談15

恵まれない境遇で育った母をかわいそうと思う気持ちと恨《うら》む気持ちが混在しています

21歳・女性　ナツメグ

両親と同居している、一人っ子の大学生です。母親との関係に悩んでいます。私の母は、母（私の祖母）を幼いころになくし、父親の再婚に伴い叔母《おば》の家で、叔父《おじ》とその子供と一緒に育てられました。詳細は分かりませんが、叔母家族が母に冷たく当たり、居《い》づらい思いをしただけでなく、大卒直後に結婚を強要されるなど将来まで勝手に決められるも拒否できず、辛《つら》い思いをしていたようです。

そんな母は、自分自身が受けた仕打ちを私に繰《く》り返しているのではないかと感じる場面が多々あります。中学校くらいから母の子育てはじゃっかん常軌《じょうき》を逸《いっ》しているのではないかと思っていました。例《たと》えば私自身が通う小学校、中学校、高校から大学まで、ここに行かないと駄目《だめ》だという風に、勝手に決められ、勉強が好きではなかったので、あまり勉強しようとしなかった私も悪いですが、家で勉強しないで遊んでいると、必ず母と殴《なぐ》り合いの喧嘩《けんか》になり、母が包丁を持って、勉強しなかったら殺すと脅《おど》されました。高校に入ってからは喧嘩をすることは少なくなったのですが、大学に入ると今度は進路について口出しが増え、就職活動について有益なアドバイスをくれるわけでもなく、選考が進めば、何のとりえもないあんたが就職できるわけがないと言われ、一方で私が就職活動を怠《なま》けていると、どうして就活を進めないのかと怒られます。私は母の言葉をいつも真《ま》に受けて、落ち込んでしまい、気分を持ち直すのに苦労しています。

きっと母自身が私に対して接するように接され、抑圧されて育ってきたのだろうと思っています。私の母は、どこまでも空気を読むタイプで、目上の人に自分の意志を伝えられず、私のような、自分より弱い人には物申せるようです。例えば親戚一同に期待されている「気がする」という理由だけで、在宅介護を受けている親戚の面倒を毎日のように見に行き、帰宅すると毎日のように親戚の面倒を見たくない、今日限りで親戚宅へ行くのをやめると言い、翌日にはやっぱり行かないと駄目だと言い、結局親戚の様子を見に行きます。そんなふうに自分の意志で行動できない母がとてもかわいそうで、どうにかしてあげたいという気持ちと、私の人生にネガティブな影響を与えてきた母を恨む気持ちと、こんな人に人生壊されるわけにいかない、もっと強くなりたいという気持ちが混在しています。私はどうすればいいのでしょうか？　アドバイスをよろしくお願いいたします。

ナツメグさん。大変でしたね。苦労していますね。よく、相談してくれました。

僕の今までの回答をナツメグさんが読んでいるのなら、僕がなんて言うか、ナツメグさんには想像がついてるんじゃないですか？

僕の答えは、ひとつです。

お金をためて、一刻も早くナツメグさんが家を出ること。これ以上、お母さんと同居するのは、お互いにとって不幸でしかないと思います。

ナツメグさんは優しい人ですね。「自分の意志で行動できない母がとてもかわいそうで、どうにかしてあげたいという気持ち」がちゃんとあります。

でも、同時に、「私の人生にネガティブな影響を与えてきた母を恨む気持ち」もあると、正直に書いています。

そして、「こんな人に人生壊されるわけにいかない」というしっかりとした気持ちもあるのです。

ナツメグさん。あなたはとても聡明《そうめい》に育ちました。

お母さんが自分を持て余し、大人になったのに大人になれず、自分の感情に振り回される結果、あなたは先に大人になるしかなかったのです。

お母さんは、たぶん、自分自身のことが大嫌いだと思います。思春期の一時期、自分のことが嫌いになることは、珍しいことではありません。でも、それがずっと長く続くのは、とても不幸なことです。

ナツメグさんが分析しているように、お母さんの育てられ方が今のお母さんを作ったのでしょう。

そうやって、ナツメグさんは相手の事情を考え、自分の何が悪いのかと反省し、自分に何ができるのかと考えることを学びました。

それはまぎれもなく、お母さんのおかげです。そのことには、深く感謝しましょう。

これは、皮肉で言っているのでもなく、「親子の情は深い」なんて意味で言っているのでもありません。

でも、同時に、「子供は母親のそんな事情を考えたり心配する義務はない」のです。好きで賢《かしこ》くなったのではない、自分が自分であるために、落ち込み続けないために、賢くならざるを得なかったのです。

だからね、ナツメグさん。もう、お母さんとあなたはお互いさまで、あなたがもう、お母さんのことをかわいそうだと心配することはないのです。

お母さんの問題はお母さんの問題であって、あなたの問題ではありません。あなたが解決しなければいけない問題ではないのです。子供であるあなたに母親を成長させる義務はありません。

そんなことは、ナツメグさんはじつは、頭では分かっていますね。

ナツメグさんは、「もっと強くなりたい」と書いています。その気持ちはよく分かります。けれど、子供が親より強くなることはとても難しいです。

そんな戦い方をしては、ナツメグさんが潰《つぶ》れます。

だから、ナツメグさん。あなたは、お母さんが決してやらなかった行動を取りましょう。それは、母親の意見を無視して家を出ることです。一人で生活を始めることです。

もちろん、お母さんは大反対するでしょう。あなたがあなたの人生を自分の決断で選ぼうとしているのです。それはお母さんがやりたくてもできなかったことです。

家を出るのは早ければ早いほどいいと僕は思っています。バイトをしながらお金をためるのに時間がかかるなら、友達に借りてでも、部屋を友達とシェアしてでも、恋人がいるのなら恋人と一緒でもいいと思います。

あなたのお母さんはとても強烈なので、家を出ることをようやく許しても、ひんぱんにあなたの部屋にチェックに来るかもしれません。

もし、お母さんが、何度もあなたの部屋に来て、「生活がなってない」とか「だらしない」とか否定の言葉しか言わないのなら、その時は、次のレベルの接し方に進むしかないと僕は思っています。

それは、しばらく母親との距離を置くことです。

つまりは、なんらかの方法で母親となるべく会わないようにするのです。

どんなに求められても部屋の鍵を渡さないのはもちろんですが、「今日は忙しいから会えない」とか「今日は友達の家に泊まるから部屋には帰らない」とか、とにかく、なるべく会わないようにします。

そして、就職した後は、新しい家の場所を伝えないという方法もあります。電話に出て会話するかどうかも考えましょう。

ナツメグさん。どうですか？　これが僕のアドバイスです。聡明なあなたはこの結論が一番いいと思っているんじゃないかと僕は感じます。

それから、家を出る日に、長い手紙を書くことをお勧《すす》めします。責《せ》める文章でも悪口の文章でもなく、例えば、この人生相談で僕に書いてくれた文章です。こんな気持ちだったから、私は家を出たとお母さんに告げるのです。

あなたのお母さんが少し大人なら、黙って読んで心に納めるでしょう。

「違うの、あの時はこうだったの。この時とその時はね～」とすぐに反論の電話がかかってきたり、直接、会いにきたりしたら、母親とちゃんと話せる日はまだまだ先になるということです。

でも、悲しむことはありません。ナツメグさん。あなたの未来は、家を出る瞬間から始まるのですから。あなたはあなたの人生を生きるのです。

家を出る日が、あなたの人生が本当に始まる日なのです。

相談16

大学生の息子が俳優になりたいと言いだしました。人生を棒《ぼう》に振ってしまったらと心配で、私も妻も反対です

51歳・男性　エイ助

　半年くらい前から、大学生の息子が俳優になりたいと言いだしました。息子は大学から演劇部に入り、のめりこんだようです。もともと大人《おとな》しい性格だったので、社会に出る前に、何か積極的になれるものが見つかってよかったくらいに思っていました。ですが、俳優を職業にしたいと言いだした時は私も妻も、びっくり。もちろん反対です。
　ですが息子の意志はかたいらしく、「一回人生を試してみたい。反対されても家を出る」と譲りません。
　おそらく俳優として成功するなんていうことは、1%以下の確率ですよね。それで息子が人生を棒に振ってしまったらと心配になるのです。ですが、最近は期限つきで

許してみようかと考え始めています。妻は3年と言いますが、私は5年くらいかなと。

こんな過保護で親ばかの私たちをきっとお笑いになるでしょうが、やはり息子に人生を失敗してほしくない。こんなこと伺《うかが》って恐縮ですが、やはり俳優になろうと思ったら、10年くらいはがんばらないといけないでしょうか。だいたい大学で4年間齧《かじ》っただけの22歳が、プロの俳優なんて目指せるものでしょうか？


………………………………

エイ助さん。僕はプロの演出家として、もう、40年近く俳優のオーディションを続けています。

劇団に所属する俳優を選ぶものもあれば、特定の作品の出演者を選ぶものもあります。

劇団の所属オーディションの時に多いのですが、特徴的な人達がいます。「30歳の女性でオーディションを受けるのは初めて」というグループです。

最初にこのことに気づいた時は、「どうして、今、初めてオーディションを受けるんですか？」と聞きました。

そして、同じ状況の人に会うたびに質問を繰《く》り返しました。

驚くことに、全員が全員、似たような答えでした。

高校時代に演劇部にいた人や、大学時代に学生劇団で活動した人、演劇を見るのが大好きだけど実際にはやらなかった人など、演劇との関係は違っていましたが、30歳で初めてオーディションを受ける理由は同じでした。

彼女達は言いました。

「高校卒業の時に、俳優になりたくてオーディションを受けようと思ったけれど親に反対されて、大学に行った。大学卒業の時に、今度こそ俳優になりたくてオーディションを受けようと思ったけれど、親に反対されて、就職した。そのまま、働いてきたけれど、ずっと俳優になりたかった。会社をやめてオーディションを受けようと思ったけれど、親が反対するだろうと思ってできなかった。でも、30歳になったら、もう、親に反対されても自分のやりたいことをしてもいいと思った。だから、30歳で初めてオーディションを受けに来た」

みんな、同じ内容でした。まるで台本があるかのように、みんな同じことを話しました。30歳になったら、ようやく親に対して自分のやりたいことをしていいんだと、決意できたようでした。

でね、エイ助さん。僕はその言葉を聞きながら、内心、深い溜《た》め息をつくのです。オーディションでは、そうやって語る30歳の女性の横に、18歳や22歳の女性が並んでいます。

プロの音楽家とかプロのスポーツ選手になりたいと希望するケースで想像すると分かりやすいでしょう。

どんな楽器でもどんなスポーツでも、早く始めた人が有利なのは当り前なのです。18歳で俳優を目指して、ダンスレッスンをしたり、発声のトレーニングをするのと、30歳から始めるのでは、プロの俳優になれる可能性はうんと違います。

もちろん、どんなものにも、絶対ということはありません。30歳からスタートして、プロの俳優になれる人がいるかもしれません。でも、18歳や22歳から始めた人よりは、その可能性ははるかに低いだろうと思うのです。

アマチュアは別です。全国には、社会人（地域）劇団と呼ばれる、働きながら演劇を続けている人達がたくさんいます。50代になって初めて舞台に立つ人、定年退職して初めて演技を始める人。それはとても素晴《すば》らしいことです。僕はそういう人を心から応援します。

が、それとプロの職業俳優になれるかどうかは別です。

ですから、30歳で演技経験がなく初めてオーディションを受けに来た人に対して、僕は内心、「どうしてもっと早くオーディションを受けなかったんですか」と溜め息をつきます。もちろん、口には出しません。そんなことを言ってもしかたないですから。

そして同時に思うのです。

「俳優になりたい」という思いは強烈なんだなあ。どんなに親が反対しても、その思いはずっと心の奥深くで燃え続けているんだなあ。

もっとも、その強さの半分は、親が作ったと言っていいと思います。よく言われるように、私達は、やったことより、やらなかったことを強く後悔します。彼女達が、親に反対されず、ほんの数年、俳優を目指し、そしてその可能性の低さに驚き、怯《おび》え、諦《あきら》めれば、俳優への思いはあっさりと消えていったかもしれません。

でも、親はそのトライアルの可能性さえ、潰《つぶ》したのです。だからこそ、心の奥底で俳優への思いが燃え続けたのです。

ちょうど、恋愛を禁止するからこそ、燃え上がる関係と同じですね。反対せず、成り行きにまかせてみれば、子供は相手に呆《あき》れ、見限り、半年ぐらいで恋愛を終わらせていたかもしれません。

そうは言っても、俳優の夢を諦めず、人生を棒に振ったらどうするんだと、エイ助さんのように多くの親は心配するのでしょう。

でもね、子供と言っても20歳を過ぎた大人です。バカではないのです。

僕が演劇を始めた時代は、バイトをしながら俳優を続けていた先輩達は、35歳になってもプロになれなかったら、俳優の夢を諦めました。

そして、まっとうな社会人として就職しました。

僕の世代は、30歳が目安でした。30歳になっても、俳優として生活できない人達は、「そろそろ潮時《しおどき》かな」とか「夢を見る時間は終わりか」と呟《つぶや》いて、故郷に帰ったり、堅実な職業を選んで働き始めました。

男性の場合、30歳前に結婚が決まった時は、ほとんどの人が俳優を諦めました。

彼ら・彼女らは、いったん、俳優を諦めると、かなり優秀な働き手になります。

アマチュアながら俳優をずっと続けてきたので、大きな声が楽に出せます。ちゃんと挨拶《あいさつ》することや先輩を立てることにとても敏感です。

なにせ演技は、人間相手の共同作業なので、引きこもったり心を閉じている場合ではないのです。とにかく、相手役の俳優と話し合い、監督や演出家とぶつかり、指示を受け、スタッフとコミュニケイションしながら、役創《づく》りと作品創りを続けるしかないのです。まさに、コミュニケイションのスキルが明確に上達するメディアなのです。

結果として、こじれた人間関係の中でちゃんと働ける優秀な人材になります。

ここで比較に出して申し訳ないですが、プロの小説家を目指して10年書き続けてきたとか、美術で生計を立てるために長年絵を描いてきたとか、ずっと楽器の練習をしてきた、という人達に比べて、放り込まれた人間関係の嵐のレベルが違うのです。

そうやって演技を続けてきた人が、どれだけ働き手として求められるか、現場の人ならよく分かると思います。座学だけを続けてきたインテリよりも、現場では何十倍も人間力を発揮するのです。

実際、僕の知り合いは、何人もがバイト先から「プロの俳優を目指すのをやめて正社員にならないか」と誘われました。

ですから、30歳でプロの俳優の道を諦めた後、社会人としてバリバリ働いている人が多いのです。

そして、エイ助さん、最近の若者は、25歳が目安になっています。親に言われるんじゃないですよ。自分で、25歳になってもプロの俳優になれないと、俳優をやめるのです。

僕は、10年前、若者を集めて劇団を創りました。旗揚《はたあ》げ当時、俳優の平均年齢は21・7歳でした。

彼ら・彼女らの多くは、25歳になってやめました。プロの俳優になれそうにないと、自分の可能性を見切ったのです。中には、「もう少しがんばればなんとかなるのに」と、僕が歯噛《はが》みした女優もいました。でも、あっさりと、「ヨガのインストラクターになります」と言ってやめていきました。

親が心配するより先に、今どきの若者は自分の人生をちゃんと考えているのです。

エイ助さん。おっしゃるようにプロの俳優になれる可能性は、まさに1%以下です。俳優志望者は、熱烈に希望する人からぼんやりと憧れている人まで合わせれば、全国に百万人以上いるんじゃないかと思います。その中で、プロの俳優として生活できる人は、ほんの一握りです。

多くの人達はバイト生活を続けながら、時々、俳優の仕事をします。テレビや映画の映像系の仕事は、比較的ちゃんとしたギャラがでます。舞台系だと、チケットノルマというものに苦しみ、ギャラをもらうどころじゃない場合もあります。その分、ちゃんと演技の練習ができますから、演技力は向上します。

四十代五十代になっても、バイト生活を続けながら、半プロ半アマチュアのような生活をしている人は珍しくありません。

もっとも、エイ助さんが書く「俳優として成功」ということを、俳優の仕事を知らない人は、「テレビに出る俳優になること」だと思い込みがちですが、テレビに出ないまま、舞台の仕事でちゃんと生活している人もそれなりにいます。

２０１７年、高橋一生《たかはしいっせい》さんが『カルテット』でテレビ的に有名になった時、「長年の下積み」と多くのマスコミは書きました。僕は怒りました。

高橋一生さんは、ずっと下積みを続けていたのではありません。舞台でめざましい活躍を続けていたのです。そして、２０１７年、テレビ的にブレイクしたのです。

もし、テレビで有名になることしか俳優としての成功がないのなら、テレビに出ない声優もミュージシャンもクラシックやジャズのダンサーも、一生、下積みを続けていることになります。そんなバカな。

文化的蓄積《ちくせき》がないマスコミの人は、テレビしか見ないのでテレビが世界のすべてだと思っているのです。故郷に帰って、「俳優をやってる」と言うと、「なんのドラマだ？　どこの局だ？」とすぐに問いつめ、「テレビに出ない俳優なんて俳優じゃねえ」と言い放つ田舎の親戚のオジサンと同じレベルですね。

……という話を書き出すと怒りで長くなるので、さておきます。エイ助さん、すみません。

で、エイ助さんの質問です。「だいたい大学で4年間齧っただけの22歳が、プロの俳優なんて目指せるものでしょうか？」

この質問に対しては、イエスでありノーです。

プロの俳優になれるかどうかは誰にも分かりません。うまくなければプロになれませんが、うまいからと言って必ずプロになれるわけではありません。死に物狂いの努力をしなければプロになれませんが、死に物狂いの努力をしたからと言って必ずプロになれるわけではありません。

どんな人と出会い、どんな作品と出会うかという運ももちろん左右します。

僕も親戚から、「うちの子がプロの俳優になりたいと言ってる。どうしたらいい？」

と、たまに聞かれます。が、「この道を通ったら、間違いなくプロになれる」という王道はありません。名前が知られている養成所に行ったからと言ってプロになれるとは限りませんし、逆に有名な養成所に入った安心感で気が緩《ゆる》めば、逆効果かもしれません。

僕は養成所にも行かず、演劇系の大学にも行かず、劇団にも入らず、ただ自分で劇団を作ってここまできました。

その当時だと、一番無謀《むぼう》な道、一番可能性のない道と言われた選択でした。

この道が正解かどうかは、分かりません。同じ道を歩いた人もたくさんいましたが、結果はそれぞれに違いました。

さて、エイ助さん。僕が答えられるのはここまでです。

えっ？　だから自分はどうしたらいいのか？

息子さんが決めるのです。親が決めるのではありません。親ができることは、子供が集められない情報を集め、可能な限りの（またはエイ助さんが納得できる範囲の）資金援助をしてあげることぐらいです。

息子さんに言ってあげて下さい。大切なことは、自分の生き方に納得できるかどうかだと。

25歳や30歳で俳優をやめていく人達をたくさん見てきました。その表情は二種類に分かれていました。

10年間の活動に悔《く》いはないと、悔《くや》しいけれど充実した顔でやめていくタイプと、10年間後悔しかない、なんでもっと努力しなかったんだと落ち込みながらやめていくタイプです。そうなったら、自分の大切な10年間を否定することになります。それはあまりにも悲しい。

エイ助さん。過剰《かじょう》に反対するわけでも過剰に応援するわけでもなく、ただ、少し離れて、見ないふりして見ているのがいいと思います。過剰に反対していると、「親とどう戦おう」ということしか子供は考えられません。過剰に期待していると「親の期待に応えられるだろうか」しか考えられなくなります。

見ないふりして見ていたら、息子さんは自分の頭で「就職をしないで俳優の道に進むことはどういうことか」をじっくりと考えられるようになるでしょう。どんな結果になろうと、自分で考えた結果なら、受け入れられるはずです。

俳優は失業を前提《ぜんてい》とした職業です。それは、どんなに有名になっても、テレビ的にブレイクしても同じです。

バイトなら、「コンビニがダメなら居酒屋、それがダメなら、テレアポ。それがダメなら、事務」とお金を稼ぐという意味でたくさんの選択肢があります。

でも、俳優は、俳優の仕事しかできないのです。ぶっちゃけて言えば、「声がかかってなんぼ」の商売です。そもそも、不安定なのです。その不安定さに耐えうる人だけが、俳優を目指すこと、続けることが可能なのです。

ちなみに僕は、「俳優になろうと思うんです」と言われると、「やめた方がいい」と答えます。それでへこんでしまうような人は、そもそも、俳優を目指すエネルギーも続ける気迫《きはく》もないと思っているからです。

死に物狂いの気力とか荒れ狂うガッツとかがないと、プロの俳優という山は登れないのです。残念ですが、頂上まで簡単に運んでくれる魔法の絨毯《じゅうたん》はないのです。

相談17

SNSを辿《たど》って、彼女が整形をしていたことに気づいてしまいました。なんだか騙《だま》された気分です

36歳・男性　かば

結婚を考えている7歳下の彼女がいます。2年前に合コンで知り合ってつきあい始めました。最近、SNSを辿って、彼女がおそらく整形していたことに気づいてしまいました。似ても似つかないとまでは言いませんが、よくある芸能人の整形前の顔くらいの開きはあります。今は二重《ふたえ》ですが昔は一重《ひとえ》だったようですし、顔の輪郭《りんかく》も違います。ちょっと引きました。なんだか騙《だま》された気分です。彼女は僕に整形のことをいつか告白するつもりはあるんだろうか、とも思います。なんで整形なんかしたんだろうと考えつつ、彼女が昔の姿でも僕はつきあったのだろうかと思うと、自分に落ち込む気持ちにもなります。

優しくて気も合うので一緒《いっしょ》にいると楽しい彼女で、本当に自分は運がいいと浮かれ

ていましたが、このままだと悶々《もんもん》としてうまくいく気がしません。僕はどう気を立て直したらいいのでしょうか。整形なんて今の時代、珍しくないのかもしれません。僕は心が狭《せま》いでしょうか。

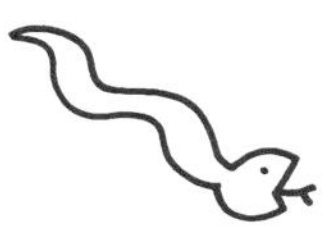

……………

かばさん。大変ですね。

かばさんは、決して心が狭い人ではないと思います。

この問題は、全く違う種類の苦しみが複数存在しているから、やっかいなんだと、僕は考えます。

ひとつは、「なんだか騙された気分です」と、かばさんが書いているように「整形したことを黙っていたこと」に対する苦しみですね。相手を責《せ》める気持ちです。

そして、もうひとつは、「彼女が昔の姿でも僕はつきあったのだろうか」とかばさんが書く、「自分はただ、顔に惹《ひ》かれただけで、愛とか感情は関係ないのか。自分の愛は、ただ外見だけが重要なのか」という「自分に落ち込む気持ち」です。つまり、自分を責める気持ちです。

相手と自分、両方責める気持ちになるので、深く落ち込むし、傷つくのだと思うのです。

でも、二つ目の、自分を責める気持ちになるのは、かばさんが賢明な大人である証拠です。自省《じせい》しない愚《おろ》かな人だと、ただ「騙された！」と怒って、自分の価値観を疑うことはありませんからね。かばさんは、とても知性のある大人だと思います。

一つ目の「どうして黙っていたんだ」という気持ちも、それだけじゃなくて、同時に、「でも、言えない気持ちも分かるなあ。俺、彼女に『可愛《かわい》いなあ』なんて言っちゃったからなあ。自分からはなかなか整形のことは告白できないよ」と、相手の事情も想像できることが、さらに混乱を生むのでしょう。相手の事情がまったく分からなかったら、「騙されたこと」を単純に怒れるんですけどね。

それから、かばさん、「そもそも、俺は整形を問題にしているけど、整形ってなんなんだ？」という混乱はないですか？

整形手術に反対する人は、「親からもらった身体を勝手にいじってはいけない」と言います。じつに分かりやすい理屈ですが、問題はそんなに単純なことではないでしょう。

絶対にいじってはいけないのなら、「歯並び」はどうなのかと思います。歯並びが乱れている人が、手術や器具で矯正《きょうせい》することは「美容整形」ではないのかという疑問です。韓国に比べて整形手術の広がりに厳しい日本でも、「歯並び」の矯正は整形ではないと思う人が多いと思います。

「歯列《しれつ》矯正」は噛《か》み合わせなどの健康面の問題もありますが、多くは間違いなく「見た目」の矯正です。それは、「美容整形」のはずです。

でも、「歯列矯正」したからと責められているアイドルを見たことはありません。

それから、一重まぶたを二重にする手術は問題だと責める人も、アイプチ系の一時的なものに関しては寛容《かんよう》だと思います。同じ二重なのに、手術はダメで、一時的な糊《のり》（ペースト）はオッケーなら、二重になった人に対して、「メスなのか？　糊なのか？」と聞いてから、責めることになります。それはなんか変じゃないかと思います。

また、メスを使うことは絶対にダメだけど、ボトックスなどの注射による整形は問題にしないとしたら、メスと針の違いはなんなのかと思います。

また、テレビ番組で、自分の容姿《ようし》に自信がなく、容姿のせいでいじめられていた人が、整形手術を受けることで別人のように変わり、自信に満ちた表情で生活している姿を見ると、整形手術に対する認識も変わってきます。

知れば知るほど「整形をどう理解したらいいんだ？」ということが分からなくなってくるのです。

心から「整形は悪くない。当然のことである」とも思えないし、「整形は絶対ダメ」とも思えない人は多いでしょう。混乱するのが正直な気持ちだと思います。

それから、前述した「自分の恋愛は外見だけなのか」という怯《おび》えを、完全に否定できない気持ちが混乱に拍車《はくしゃ》をかけます。

もうずいぶん前ですが、スポーツ番組が「有名野球選手の母親と妻の写真」を並べるという大胆《だいたん》な企画を放送したことがありました。

もう笑ってしまうぐらい、野球選手が選んだ結婚相手は、彼の母親そっくりでした。ぽっちゃりした母親を持つ野球選手はぽっちゃりした妻を選び、和風な顔の母親の息子は和風の顔の妻を選び、キツネ顔の母親を持つ息子はキツネ顔の妻を選んでいました。

番組の若い女性キャスターは、悲鳴のように「男性ってみんなこうなんですか!?」と叫《さけ》んでいました。その声が、今でも僕の耳の奥底に残っています。

外見だけで選んだんじゃないと、男性は言いたいわけです。性格とか人格とか相性とか、なんとかいろいろと愛情の理由をつけたいわけです。まさか、「母親と同じ顔です。以上！」とは、言いたくないのです。

お金持ちと結婚する女性が、「お金じゃないの。彼の人格に惹かれたの」と言いたいのと同じメカニズムでしょう。

それから、もうひとつ。

かばさんは、結婚を考えていたんですよね。ひょっとして、子供のことを考えてますか？

数年前、「整形した美男美女と三人の子供」の写真がネットで話題になりました。

かばさんも見ましたか？

三人の子供は、美男美女の親とは似ても似つかない顔をしていました。

韓国の整形美男美女の写真だと言われましたが、やがて、フェイク写真だということが判明しました。

母親だと思われたのは、台湾の美人モデルで、広告写真として撮影されたものでした。子供達の親は、子供の顔は加工ソフトで過剰《かじょう》にぶさいくにされていると怒りました。

写真はフェイクでしたが、この写真が爆発的に広がり、信じられたのは、人々の心の中にある「整形に対する怯え」をあぶり出したからだと僕は思っています。

どんなに本人が整形に納得し、周りが認めても、その結果は子供に出るんだという恐《おそ》れです。

広がっていく嘘《うそ》は、みんなが信じたい嘘です。こういうことを見せて欲しい、言って欲しいと思っていることは、それが嘘でも広がります。

「だから、整形はだめなのよ」とあの写真を見て、普段から整形に反発している人は声を上げたでしょう。

僕の知り合いで整形を受けた人は、あの写真がフェイクだと判明する前に、「何が問題なの？　子供が自分の顔が嫌だと思ったら、子供も整形手術を受ければいいのよ。それだけのことよ」と言い放ちました。その言葉の強さに僕は唸《うな》りました。

さて、かばさん。

こうやっていろいろと書いてきたのは、僕自身、どうアドバイスしていいのかずっと迷っているからです。

僕自身の身に起こったらどうするんだろうと、僕は迷っているのです。

迷っている時は、「なぜ自分は迷っているのか」と考えます。そうすれば、少し楽になって自分の気持ちと向きあえるようになります。

ものすごく悲しい時は、「なぜ自分は悲しいんだろう」と考えることで、悲しみと距離が生まれて、感情から少し自由になれます。それは生きる知恵です。

恋愛は、頭で考えたことと感情が直結しにくい分野です。頭で結論を出しても、気持ちが追いつかないこともよくあります。

恋人が昔、自分の親友とつきあっていたことを黙っていたとか、恋人が酔っぱらって一度だけ間違いをおかしてしまったとか、恋人が家族とか学歴とか仕事とかなにかについて嘘をついていたとか、頭で受け入れようと思うことと、気持ちで認めようと思うことはイコールではありません。

そのズレにのたうちながら悩んでしまうのです。

かばさん。僕なりに、かばさんの混乱と不安を分析しました。

ここから、迷っている僕がかばさんにできる最後のアドバイスは、「とにかく、彼女ととことん話してみたらどうですか？」ということです。

軽くじゃなくて、かばさんが彼女のことを「受け入れたいけど受け入れられない」

と悩んでいるのなら、徹底的に話し合うことをお勧《すす》めします。

その結果、別れることになっても、しかたないと思います。とにかく、こんな複雑でいろんな感情が沸《わ》き起こる問題は、一人で抱え込まず、相手と徹底的に話すのです。

結論を急がず、売り言葉に買い言葉にならず、捨て台詞《ぜりふ》で終わらせず、話し合ってみてください。

相談18

映画サークルが部員の三角関係で崩壊状態になりました。「恋愛禁止」にしたいのですが、無理がありますか？

20歳・男性　ベニーニ

大学2年です。今回、友人数人で映画サークルを作ることになりました。実はもともと入っていた映画サークルがあったのですが部内の恋愛の三角関係のもつれから崩壊状態になり、映画撮影もままならなくなってしまいました。ざっくり言えば部内イチのイケメンが、同じ部の同級生の彼女と別れて、これまた同じ部内の後輩女子とつきあうようになり（二股《ふたまた》期間もあり）、外野も巻き込んで最悪の雰囲気になりました。僕は嫌気《いやけ》がさして、あらたな映画サークルを起《た》ち上げることにしたのです。

僕は、人間関係のもつれなど持ち込まない、本当の映画好きのための映画製作サークルにしようと思っています。そこで、いっそのことサークルのルールに「恋愛禁止」をもり込もうと思い提案したら、反対意見と同意見と半々で分かれてしまいまし

た。反対意見の奴《やつ》らは、「そんなことしたら新入部員が入らなくなる」「恋愛もできないでいい映画は撮れない」と言うのです。もう恋愛で部内がごたごたするのはうんざりで、恋愛は外でやってくれというのが僕の考えなのですが。大学で劇団を起ち上げた鴻上さんに質問です。サークル内で「恋愛禁止」は無理がありますか？

鴻上さんの大学時代、劇団内が恋愛でもめるようなことは、なかったですか？　もしあったら、そのときはどう対処しましたか？　ぜひ、ご指南をよろしくお願いします。

ベニーニさん。僕は19歳で早稲田大学の演劇サークルに入り、それから、もうかれこれ、40年近く、劇団というものをやっています。

学生劇団からプロ劇団まで、それはもうたくさんの劇団を見てきました。

ベニーニさんの希望のように、「内部恋愛禁止」というルールにした劇団もありました。

当事者がいるのであまり詳しく書けませんが、僕は『第三舞台』という劇団をやっている時、ある若手の劇団が「劇団内恋愛禁止」だと知りました。それを聞いた時、僕は瞬間的に「それは無理だろう」と思いました。

予想した通り、その劇団では、恋人同士は隠れてつきあうようになりました。恋愛は地下に潜《もぐ》ったのです。

禁酒法という法律が1920年から十数年、アメリカで実施されたことをご存じですか？　結果として、非合法のもぐりの酒場が大量に生まれました。お酒でさえ、禁止できないのです。まして、お酒以上に広範囲で身近《みぢか》な恋愛が禁止できるわけがないのです。

人間の感情を止めることはできません。そして、やっかいなことに、恋愛は「禁止されればされるほど燃える」という「ロミオとジュリエット」特性があるのです。

どんなに禁止しても、恋愛をやめることは不可能です。

劇団とかバンドとか、たぶん映画製作サークルもそうですが、人間関係が濃密な場所では、恋愛は起こります。

昔、出会った筑波大学の教授が、これを「犬・猫の法則」と呼んでいました。「犬とか猫は、一緒《いっしょ》にしとくと、くっつくだろう。人間も同じだよ」と、じつに淡々《たんたん》と話していました。

一緒にいる時間が長くなれば長くなるほど、恋愛は起こります。逆に言えば、めったに会わなければ、なかなか恋愛は生まれません。

バンドとか劇団とか映画製作とか、朝から晩まで、長期間「ああでもない、こうでもない」と一緒にいて、誰かを好きになるなという方が無理なのです。

で、これまた当事者がいるので詳しくは言えませんが、僕の主宰《しゅさい》していた劇団内でも、恋愛はありました。

ベニーニさんが書くような、やっかいな恋愛もありました。「よかったね」と素直に祝福できない恋愛とか、「どうしてあんな相手と」と頭を抱え込んでしまう恋愛とか、「それはあまりにもひどくないか」という恋愛とか、いろいろありました。

そのたびに、僕は主宰者として心を痛めました。

公正に語れば、僕自身、周りから無条件では祝福できない恋愛をしたのかもしれません。恋愛の当事者は、自分の事情しか見えませんから、周りから「二股」とか「三角関係」とか「冷たい」とか思われている可能性はあります。

でも、どんなに頭を抱え込み、集団がギクシャクし、心が潰《つぶ》れそうになっても、内部恋愛を禁止するのは不可能です。

日本人がよく「トイレに行ってもいいですか？」と言います。日本人以外では聞いたことがないのですが、もし、「ダメです」と言われたらどうするんだろうと思います。トイレに行きたいというのは生理的欲求で、ガマンするとかやめるとかの問題ではないのです。

海外で仕事をすると「トイレに行きます」とか「トイレに行きたいです」はよく聞きますが、「トイレに行っていいですか？」と許可を求める質問をする人はいません。許可を求めるものではないからです。

恋愛も、同じだと思います。許可を求めるものではないでしょう。生理現象と同じで、起こる時は起こるのです。起こったからといって、やめるわけにはいかないのです。

もし、禁止にしたら、みんな、こっそりするだけです。

ベニーニさん。ここまで読んで、深い溜《た》め息をつきましたか？　恋愛のゴタゴタは避《さ》けられないんだと、悲しい気持ちになりましたか？

でもね、ベニーニさんは、映画を創《つく》りたいんですよね。映画で描きたいのは人間なんじゃないですか？　人間がまったく登場しない、自然や動物を記録した映画を創りたいのなら別ですが、もし、ベニーニさんが人間を描きたいのなら、内部恋愛でゴタゴタする経験もまた、クリエイターとして貴重な財産だと、僕は思います。

どんなに素敵な女性だと思っても、部内イチのイケメンに振り回されるのです。三角関係になって、愚《おろ》かな行動をするのです。

それが人間なのです。いえ、人間にはそういう部分もあると言った方がいいでしょう。ベニーニさんは、そのことを映画サークルにいたから知ることができたのです。

昔、自主映画がブームの時に、自分の好きな女性を主役にして究極に美化する映画が大学サークルではたくさん創られました。憧れを映画にするのは素敵ですが、そこには生きている人間はいませんでした。ただ、監督にとって都合のいい〝人形〟が映されていたのです。

人間は、ものすごく素敵なこともするけれど、同時にとても愚かなこともする。それが人間です。

「どうしてあんな相手と」と思う恋愛をする人もいれば、それを見て「内部恋愛禁止にしたい」と計画する人間もいる。すべて含めて、それが人間です。

だからこそ、人間は面白いんだと僕は思っています。

人間が単純に「愚かな恋愛を繰《く》り返すバカ」だけか「周りから無条件で祝福される恋愛だけをする賢者」しかいなかったら、人間という存在はずいぶんつまらないと感じます。小説とか映画とか演劇とかマンガとか音楽とか、あらゆる表現は生まれなかったんじゃないかと思います。

ものすごく素敵な映画論を語る人が、とんでもない恋愛をしてしまうとか、傑作の映画を撮った映画監督がじつに恋愛関係にだらしないとか、そんな矛盾《むじゅん》する存在が人間だからこそ、「芸術」とか「芸能」を人間は必要としていると僕は思っているのです。

ですから、ベニーニさん。新しいサークルを創って、恋愛でゴタゴタしたら、心を痛めたり、調整しようとしたり、傍観《ぼうかん》したり、慰《なぐさ》めたり、怒ったり、共に泣いたりして下さい。

それが、すべて、ベニーニさんの映画製作を豊かにするのです。もちろん、ベニーニさんの大学卒業後の人生も豊かにするのです。

相談19

4歳の娘が可愛《かわい》くありません。怒鳴ったり、手をあげたりする前にお知恵を貸して下さい

41歳・女性　ごんつく

4歳の娘がいます。最近、娘が可愛くないのです。というのも、娘が自分勝手で我《わ》がままだからです。例《たと》えば、お昼はパンが食べたいというからパンを買ってきたら「もう食べれない」、夜はカレーがいいというから作ればやはり「もう食べれない」。そして「ママの料理で好きなものは？」と聞くと「ポテトチップ！」。それは料理じゃない（笑）。私は貴女《あなた》にどうしてあげたらいいの？と爆発しそうです。言葉遣い悪く言うと「キレそう」です。

今までずっと、キレもせず、怒鳴ったり手をあげたりもしませんでしたが、そのうちきっと爆発して怒鳴ったり手をあげたりするかも知れません。そうなる前に、鴻上さん、お知恵を貸して下さい。お願いします。

ごんつくさん。本当に大変ですね。ごんつくさんの悩みに、「私もそうなの！」とうなづいている母親は多いと思います。

相談内容だけですから、ごんつくさんの生活はまったく分かりませんが、4歳の娘さんに対して「最近、娘が可愛くないのです」と書くということは、短時間の細切れ睡眠で苦労した授乳時期や、「魔《ま》の2歳のイヤイヤ期」は、なんとか乗り越えたということなんでしょうか。

そうだとすると、「自分勝手で我がまま」と娘さんに感じるということは、「子育ての苦労」というより「子供とのつきあい方の苦労」ということになります。

それとも、たまりにたまったストレスが、この時期に爆発しそうになっている、ということでしょうか。

「子供には理屈が通じない」とよく言いますが、0歳からイヤイヤ期までの「理屈の通じなさ」と、ごんつくさんが直面している4歳児以降の「理屈の通じなさ」は、違うんじゃないかと、僕は思っています。

0歳からイヤイヤ期までは、「理屈が通じないこと」が当り前の時期です。通じなくて苛立《いらだ》ちますが、諦《あきら》めも生まれます。通じないことそのものを嘆《なげ》いても、しょうがないからです。

でも、4歳児以降だと、相手の振り回す未熟な理屈に、ふっと子供と同じレベルで怒っていたりします。自分で「大人げない」と感じてしまう瞬間です。

この時期の方が「子供に理屈は通じない」ということの理不尽《りふじん》さは強いと感じます。なまじ、相手が中途半端《ちゅうとはんぱ》な理屈を語ろうとするので、余計、怒りが強まるのだと思います。

赤ん坊の時の方が、じつは理不尽なんですよね。こっちの都合に関係なく、泣いて、お腹空《す》かせて、むずかって。でも、どんなに疲れ切って苛立っても、0歳児の娘を「自分勝手で我がまま」とは思わないんですよね。赤ん坊はそういうものだと思ってますから。

でも、4歳になって、なまじ言葉が通じ始めると、相手に自分と同じレベルの理屈が通じると思ってしまうのですね。そして、理屈が通じない理不尽を経験するのです。

でね、ごんつくさん。

「娘にどう接するか」をアドバイスする前に、いくつか確認したいことがあります。

「理屈が通じない」理不尽に直面した時に、それを乗り越えるには、まずエネルギーが必要です。

そして、エネルギーはちゃんと寝ないと生まれません。ごんつくさん、ちゃんと寝てますか？

ごんつくさんが働いているのか、シングルマザーなのか、父親がまったく子育てに協力してくれないのか、分かりませんが、まず、ちゃんと寝ることが必要です。

シングルマザーだとしても、娘さんが一人で4歳なら、それなりに寝られると思います。なによりも、0歳からイヤイヤ期を乗り越えてきたんですから。

そして、理不尽を乗り越えるためには、ちゃんとした睡眠と共に、精神的余裕が必要です。

精神的余裕は、まず、ごんつくさんが一人になれる時間を確保しているかどうかです。

娘さんを預けて、ちゃんと一人になれる時間がありますか？　もし、そんな時間がないのなら、公的サポート、家族、友人、民間サービス含めて、なんとか方法を見つけて下さい。

そして、もうひとつ。精神的余裕は、ごんつくさんの悩みを理解してくれる人と話さないと生まれません。

僕は演劇の演出家をしていて、理不尽な要求と出合うことがあります。例えば、物語と関係なく、「金と銀のスパンコールのついた真っ赤なドレスを絶対に着たい」なんていう俳優さんの要求です。

どんな演出にするか、どんな衣裳《いしょう》プランにするか、装置《そうち》の色はどうするか、なんてことを考える前に、俳優さんの都合で一方的に宣言されるのです。

ものすごく理不尽ですが、その俳優さんがスターだったりすると、引き受けるしかなくなります。そういう時、一人で悶々《もんもん》としていると、精神衛生上、よくないです。

こういう時は、プロデューサーとか演出助手とかと「やってられませんねえ」とか「あの俳優さん、こんなことやっていたらやがて仕事なくなるよねえ」とか「もっと理不尽な要求した俳優さん、知ってます」なんて会話をすることで、精神のバランスを保つのです。

苦労しているのが自分だけじゃないと分かると、人間はなんとかやっていけるのです。

ごんつくさんには、自分の娘さんの理不尽さを語れる相手はいますか？　いなければ、すぐにつくりましょう。夫や母親がいなかったり、話せなかったりするなら、話せる誰かを見つけましょう。

今どきは、ネットで同じような環境、悩みを持つ人と出会うことも簡単になりました。インターネットは、悪い面が強調されがちですが、同じ悩みを持つ人を見つけ出して出会うことを可能にした、とても優れたツールです。

さて、ごんつくさん。

まず、ちゃんと寝て、一人の時間を持って、グチや相談ができる相手を見つけて下さい。

そこから、僕の「子供とのつきあい方」のアドバイスが始まります。

それは、「子育てをがんばらない」ことです。

カレーと言われて一生懸命作るから、「もう食べられない」と言われてムカつくのです。

「カレーを一生懸命作っても、また『いらない』と言われるかもしれない」と思ったら、ちゃんと作らなくていいのです。市販のレトルトカレーでごまかしましょう。レトルトカレーを拒否されても、そんなに腹は立たないでしょう。

一生懸命、よかれと思ってやったことを否定されるから、可愛く思えなくなるのです。

「私は貴女にどうしてあげたらいいの？」と真剣にがんばってしまうから、理屈が通じない時にキレそうになるのです。

子育ては、「子供を守り、子供の世話をやくこと」ではありません。子育ては、「子供を健康的に自立させること」だと僕は思っています。

子育てに真面目《まじめ》過ぎるお母さんは、例えば、幼稚園や保育園から帰ってきた子供に、「〜しなさい」「〜をやりなさい」「〜はどうなったの？」「〜はどうだった？」といくつもの命令と質問を数分間に連発します。

大人でも、音《ね》を上げます。営業から戻ってきた部下に、数分の間に、要求と命令を連発する上司みたいなものです。社員はどんどん辞めていくでしょう。

ごんつくさん。

安心していいです。未熟な要求を振り回して、理屈になってない理屈を言う時期は、そんなに長くは続きません。今は、「ポテトチップスが一番好きなら、今日のおかずはポテトチップスにしましょう！」ぐらいの軽い気持ちで接することが、娘さんをちゃんと自立に導く道なのです。

４歳にもなれば、「ポテトチップス」と答えた時に、母親がムッとしているなんてことにも気付きます。そして、母親がそうなることが面白いという感覚も出てくるのです。

ですから、ごんつくさん。がんばりすぎず、密着しすぎず、距離を取りながら、娘さんのしたいことを見守りましょう。

もちろん、人間として踏み越えてはいけない一線はあり

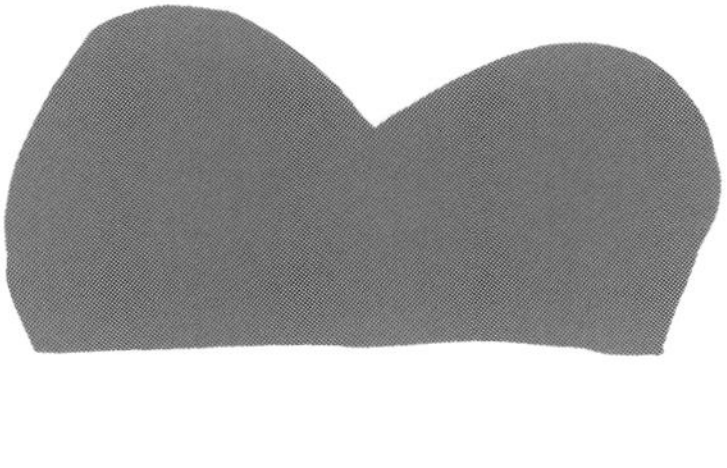

ます。それは教えなければいけません。でも、4歳児にとってはそんなに多くないはずです。友達を殴《なぐ》ってはいけないとか、ゴミを道に捨ててはいけないとか、ごはんの前には手を洗おうとか、それぐらいだと思います。

子供の成長は楽しみですが、子供の成長しか楽しみがない、という状態は問題です。それはお互いを不幸にします。

ごんつくさんがそういう状態でないのなら、自分の楽しみも追求しながら、がんばりすぎないで、つまりは、うまく家事や子育てを手抜きしながら、娘さんと接して下さい。その方がきっとうまくいくと思います。

相談20

好きなことだけしても両親から許される妹をずるいと思い、怒りがおさまりません

18歳・女性　えみ

私は高3の受験生です。私には、絵を描くという趣味があります。中学生の頃、私は3年間塾に通い、公立の進学校を目指して勉強していました。絵を描くことは好きだったけど、親や祖父母は良い高校、つまり偏差値の高い高校に行って欲しいというかんじで、私もそれが当たり前なんだと思っていました。しかし、私が中3の時、妹が「自分は美術系の学校に行きたい」と言いだしました。私はありえないと思いました。しかし、両親はそれを了承しました。私は、自分も行きたかったと心底思いましたが、もう出願は終わっていたので既《すで》に遅かったのです。

高校に入って最初は本当にしんどくて学校が嫌でしたが、それも慣れてきて、高1の後半から高2の最後の時には学校もそれなりに楽しくなっていました。でも、高3

になって（つまり二つ下の妹が高校に入学して）私はまた辛《つら》くなりました。妹がいつも絵を描いてほとんど勉強せず、毎日楽しそうに学校に行っているのを見て、とても羨《うらや》ましく思ったのです。そして、怒りが生まれました。私は勉強もちゃんと頑張ったのに楽しくなくて、ちゃんと勉強せずに好きなことだけしている妹がずるいと思いました。そして、両親は妹には絵を描くだけで褒《ほ》めて勉強をしろとも言いません。私は絵を描いたって褒められないのに。何より、妹が美術系の高校に入るのを親が許可した理由が「妹は勉強を全くしようとしないから美術系に行かないと不登校になるかもしれないから」というのが、本当に意味が分かりませんでした。

長々と書きましたが、私が悩んでいるのは、この怒りをおさめる方法が分からないことです。基本的に家族が嫌いというわけではないけど、家に帰って妹が絵ばかり描いているのを見るたび、嫌な感情が生まれます。物を投げてその感情をおさめます。でも、限界です。一度、半年前くらいに親の前で感情を爆発させたことがあります。でも親は一時の気の迷いと思ったようで、私をたしなめる感じで済まされました。だから、もう扱いを変えてもらおうとは思っていません。ただ、人と比べたって意味が無いと考えても辛さが無くならないので相談しました。

えみさん。苦しんでますね。

「怒りをおさめる方法が分からない」という言い方は、じつに聡明《そうめい》ですね。自分の悩みを的確に描写していて素晴《すば》らしいと思います。つらい勉強を頑張った成果でしょうか。

えみさんは、ちゃんと自分の気持ちを整理できる人だから質問しますね。

もし、妹さんが美術系の高校に入らなければ、えみさんは「絵を描くことが趣味」というレベルでずっと満足していたでしょうか？

それとも、妹さんが普通の高校に行っていても、やがて、「絵をずっと描きたい」と心底思うようになったでしょうか？

賢《かしこ》いえみさんだから、はっきり言います。「この怒りをおさめる方法が分からない」と書かれていますが、方法は二つあると思います。

もし、妹さんが美術系高校に入ったことが、今の怒りのすべての理由なら、大学入学をきっかけに家を出て、妹さんと接しない生活を始めればいいのです。

そうすると、えみさんの生活から、「絵を描いている妹」がいなくなって、ゆっくりと怒りは消えていくと思います。

家を出ないとダメですよ。そうしないと、大学に入っても、ずっと「うらやましい妹」と接することになりますからね。それは、絶対に避けて下さい。

でも、もし、えみさんが「私は自分の本当の気持ちをごまかしていた。私も美術系の高校に行きたかったし、そのまま美術系の大学に行きたい。妹の美術系高校入学はきっかけだけど、全部じゃない。私はいつまでも絵を描いていたい」と思ったとしたら、怒りをおさめる方法は、「美術系の大学を受験する」ことしかありません。

どうですか、えみさん。どっちでしょう？

自分が我慢したのに、他の人が簡単に手に入れてしまったのを見て、とても欲しくなることはよくあります。手に入れた人を見なければ、我慢できて、やがて忘れられたのに、なまじ見てしまったことで、自分の欲望に火がつくのです。見なければよかったと悩んで、手に入れた人まで憎《にく》くなったりもします。

好きだけど我慢した洋服、ＤＶＤ、ＣＤ、旅行、車、楽器、好きな人、食べ物などなどを手に入れた人を見た時に感じる、後悔と怒り、焦《あせ》り、そして強い欲望です。

その場合は、「手に入れた人を見た」という一時的な刺激ですから、その人から逃げればなんとかなります。それまで我慢できてたんですから、時間をかければまた元に戻ります。

でも、心の奥底に眠っていた欲望に火をつけてしまうと、逃げてもなんともなりません。

それはその人の「好き具合」とか「熱意」とか「情熱」によって決まってきます。えみさん。どうですか？　相談をくれたのが去年の11月ですから、もう、大学は決まっているかもしれません。(連載時＝2019年2月)

今から、親の反対を押し切り、合格した大学をやめて、美術系を目指して1年浪人するエネルギーはありますか？

そして、じつはもうひとつ、二つの間を取る「怒りのおさめ方」もあります。「普通の大学に入って、美術系サークルに入り浸《い　びた》る」というものです。

僕は法学部に入りましたが、一年中、演劇のサークルに入り浸りました。おかげで、卒業までに5年半かかりましたが、今、演劇を続けています。

どの方法を選ぶにせよ、「私にとって絵を描くということはどういうことか」という真剣な問いかけをしなければ、怒りはおさまらないと思います。

でもね、えみさん。それは、えみさんの人生にとってとてもいいことだと、僕は思っているのです。

親の保護から離れて、えみさんは初めて、「自分は本当は何がしたいのか？」を考えるのです。

今までは、「美術系高校に行かせてくれなかった親」を怒っていればよかったのです。「素直に従《したが》ってしまった自分」を後悔していればよかったのです。

でも、18歳になって、えみさんは自分の人生を歩き始める時が来たのです。

親元を離れて大学に通い、やがて、妹への怒りを忘れ、絵を趣味として描くというのは素敵な解決です。

もちろん、美術系大学を目指して浪人するのも、普通の大学に行きながら美術サークルに入るのも、美術系大学のサークルのメンバーになるのも素敵な解決方法です。

大人になるということは、たくさんある解決方法から、自分の責任で一つを選ぶということです。

子供なら、親が「それは正解ね」とか「それは間違い」と言ってくれます。

でも、18歳から先は、自分で選ぶしかないのです。そして、どれが正解かなんて、誰にも分からないのです。

どんな解決方法を選んでも、「間違いかもしれない」「正解かもしれない」という二つの気持ちの間を揺《ゆ》れ動くのです。その揺れ動く気持ちを引き受けながら、選択していくことが大人になるということなのです。

でもね、自分で選んだ方法ですから、どんな結果になっても、誰かを怒るということはないのです。怒るとしたら自分自身しかないのです。それは、とても健全なことです。

ゆっくりと「私にとって絵を描くとはどういうことか？」を考えてみて下さい。

どんな結論になってもいいのです。親ではなくえみさんがその結果を引き受けるのです。それは、とても素敵なことなのです。

相談21

他人に迷惑をかけられるたびに心底いらいらしてしまいます。そのうちトラブルになるのではないかと心配です

28歳・男性　じゅん

社会生活を送るうえで、他人に迷惑をかけられることが、無性《むしょう》に腹立たしく思えます。ここでいう、迷惑をかけられるとは、たとえば、「電車で先に乗っている人たちが奥まで詰《つ》めずに入り口付近に乗っていると混み合って乗りづらい」だとか、「レジでの精算の段階になって漸《ようや》く財布を取り出す」だとか、「自動車の右折時に曲がる方向に寄らずに邪魔《じゃま》になる」だとか、「複数人の歩行者が歩道を広がって歩く」だとか、「駅構内の階段をだらだらとスマートフォンを見ながら上る」などのマナーやモラルに関するものや、「自転車で右側の車道を走る」などの法律違反などを指しています。

勿論《もちろん》、自分自身も社会の構成員のうちであることはわかっていますし、知らないところで他人に迷惑をかけてしまっていることもわかっています。人間には能力差や老

化などがあるために、配慮する余裕がないことや、そもそも私が気になることが気にならない人もいることなどもわかっています。

しかし、頭では理解していても、このようなことが起こるたびに心の底からいらいらしてしまい、なにか解決策はないかと考えてしまいます。トラブルになり、いつか殺されるのではないか、などとも心配になってしまいます。自分が社会に影響を与えられるだとか、社会に限りなく属さなくても生活していけるだとかそのような才能がないために、半ばコンプレックスのようなものが原因なのかもしれません。これから生きていくにあたり、少しでも生活しやすくなるようにアドバイスがもらえたらと思います。よろしくお願いします。

じゅんさん。イライラしますよね。僕も、以前より不寛容《ふかんよう》になっている自分を発見して、ハッとする時があります。
電車が駅に着いて降りる時に、出口の真中でスマホを見ながら動かない人なんかに会うと、殺意さえ芽生える時があります。
どうしてこんなにイライラするんだろうと、僕も考えます。

僕の場合は、仕事が続いて、まったく休みが何カ月もなくなると、不寛容さが増してくると気付きました。まあ、当り前なんですが、ちゃんと休むと寛容さが増します。ニューヨークなんかでたくさん芝居を見て帰って来た次の日なんかは、たいていのことは許せます。

じゅんさんはどうですか？　ハードな仕事が続いていたり、ちゃんと休めなかったりしていませんか？

それと、仕事がうまくいってなかったりするとイライラしますね。ホイホイいってると、優しい気持ちになれますね。

じゅんさんの仕事はどうですか？

世の中のイライラ度が増しているのは、未来が見えにくくなっているからだと思います。経済は決してうまくいってないし、見通しもよくありません。

消費税の割引率も複雑でよく分かりません。

経済的に不安になれば、人はイライラします。

——ということがイライラの基本にあります。経済的に不安定でも、せめて、ちゃんと休んで、よく寝て、リフレッシュすることが必要だと思うのです。

で、その上で、僕は現代のイライラは、経済不安だけではなく、スマホが大きな原因のひとつじゃないかと思っているのです。

スマホは、私の読みたい文章だけを用意してくれます。電車に乗れば、自分に興味のある文章や写真、動画を見て時間を過ごせます。

かつては、こうではありませんでした。キオスクで買った雑誌も新聞も、自分が読みたくもない記事、興味のない文章が載っていました。そして、それが当然だと思っていました。

でも、スマホはあなたにずっと読みたい記事・気持ちのいい文章を提供してくれます。

電車を降りる時に、動かない人にイラッとするのは、ずっと電車の中でスマホが提供する「快適な空間」にいたのに、いきなり、動かない人という「異物」と出会ったことが理由なんじゃないかと、僕は思っているのです。

スマホは奇跡を実現しました。膨大《ぼうだい》な情報量によって、人は自分の読みたい文章・記事だけを読んで一生を終えることができるようになりました。

だからこそ、現代の人々は不寛容になったと僕は思っているのです。

自分の読みたい文章に気持ちよく浸《ひた》っているからこそ、異物に対する拒否反応が大きいんじゃないか、ということです。

そして、インターネットおよびスマホは、私達の自意識を増大させました。

かつて、マスコミしかない時は、注目される人は、それなりの実績が必要でした。新聞に取り上げられ、テレビに出るためには、かなりの冒険をしないとダメでした。

小学生なのに日本一周旅行をしたとか、世界50カ国を旅行したとか、ある水準のレベルが必要でした。私達は、「注目されない自分」「有名になれない私」を諦《あきら》めることができました。これじゃあ、新聞もテレビも取り上げてくれないな、と。

けれど、インターネットの時代になって、水準は大幅に下がりました。日本一周どころか身近《みぢか》な観光地を訪ねるだけで世間に向けて発表できるようになりました。

そして、それに対して「いいね」や「閲覧数《えつらんすう》」という数字がつくようになりました。

私達は、つねに「自分がどう見られているか」「自分がどれぐらい評価されているか」という意識を突きつけられるようになったのです。

ネットによって自意識がどんどん開発、増大されたのです。

そして、重要なことは、その評価に満足している人はいないということです。どんなに「いいね」をもらっても、何万ビューついても、上には上がいるからです。ちょっとネットを調べれば、自分が得意だと思っている分野でもっとすごい人間を見つけることができます。

大きくなっていく自意識は決して満足することはないのです。

もちろん、そんな状態は嫌なので、みんな、自分を守るために、「私は本当はこんなレベルじゃない」と思うようになりました。

私は本当はこんなレベルじゃない。本当はもっとすごいんだ。私は世間に対して、ちゃんとモノが言える人間なんだ。

自分を引き上げるためには、そう思って、みんな発言します。ツイッターやフェイスブック、ブログで、いろいろと発信します。

けれど、上には上がいるので、そういう発言は否定されます。

映画を得意《とくい》気《げ》に評論しても、音楽を通《つう》ぶって語っても、文学にウンチクを傾けても、上には上がいて、潰《つぶ》されます。

でも、唯一《ゆいいつ》、潰されない言葉があります。

それは「正義の言葉」です。

正義を語っている限り、突っ込まれる可能性はないのです。否定されるかもしれないと怯《おび》える必要はないのです。

「ツイッターで未成年の飲酒を見つけた」「道路いっぱいに広がっている自転車がじゃま」「無許可で路上ライブやっている奴《やつ》らは法律違反で許せない」「信号無視してる奴がいる」

これらの「正義の言葉」は、上には上がいるインターネットの世界でも、否定されません。

だから、「自分はこんなもんじゃない」と思い、けれど、何かを言って否定されたくない人は、「正義の言葉」を意識的にも無意識的にも語るのです。

さて、じゅんさん。

じゅんさんが「自分が社会に影響を与えられるだとか、社会に限りなく属さなくても生活していけるだとかそのような才能がないために、半ばコンプレックスのようなものが原因なのかもしれません」と書かれているのは、このメカニズムだと僕は思っているのです。

「自分は何者かになりたい」という意識を強く持ち、けれど、何者でもない現在、何か社会に対して主張したい、自分の存在を明確に打ち出したいと思った結果、「正義に反する人達」に対する、誰からも否定されない怒りやイライラが増していく、ということです。

何者でもない自分が唯一堂々と自己主張できるのが、「正義に反する人達」に対する通常のレベルでないイライラなのです。

どうですか？

そんなバカなと、一笑に付《ふ》してもらっても全然、かまいません。

でも、もし、そうかもしれないと思ったら、このイライラを解消する方法はひとつです。

それは、「正義に反する人達」に対する怒りで「自己表現」をするのではなく、自分の趣味や興味、関心事に自分のエネルギーを注ぎ、その方面で自分を表現しようとすることです。

なんでもいいのです。例《たと》えば、推理小説に没頭《ぼっとう》するとかアニメにはまるとか楽器を始めるとか山登りをしてみるとか料理を始めてみるとか、本当にどんなことでもいいのです。

ネットをググれば、その世界の名人・達人は山ほどいます。最初は、自分がとても小さい存在に感じるかもしれません。

けれど、「他人に対する怒り」を自己表現の基本にするよりも、「好きである」ということを自己表現の基本にすることは、精神衛生上も、そして人間としてもはるかに素敵なことです。

じゅんさん。地道な道ですが、歩き続ければ、素敵な風景が見えてくると思います。たどり着く草原は、きっとじゅんさんからイライラを取り、気持ちいい風が身体を包んでくれると思います。

どうですか？　軽い気持ちで始めてみませんか？　歩き始める道は、本当にどんなことでもいいのです。

相談22

女子高のクラスメイトに恋をしました。告白すれば彼女が混乱するかもと、悶々《もんもん》としています

18歳・女性　もも

はじめまして。ももと申します。僕は女子校に通っている高校三年生です。もう受験勉強も大詰め……というところなんですが、一年ほど前から好きなクラスメイトがおり、この一年恋《こ》い焦《こ》がれながらもなんとか合格に向けて勉強してきました。

僕の好きな子は（ここでは「かな子」と呼ぶことにします）頭が良く、国際問題について論じ合ったりしてとても刺激を受けたりとか、好きな漫画について語ったりとか、何より彼女は女の子らしくてかわいいんです。僕がかな子ってかわいいよね、と他のクラスメイトに話すとよく、「かわいい？　かっこいいじゃなくて？」と言われますが、かわいいんです。もちろん自分の意見をハキハキ言ったりとか、運動部なので後輩からかな子先輩かっこいいー！　とか言われますけどかっこいいも含めてかわ

いいんです。

話が脱線してしまいました。一年ほど前、僕はかな子への恋心を自覚し、しばらくは友達として接していましたが、あと一年で会えなくなる、だったら今からそれに慣れておこうと思い、かな子を避《さ》けてしまいました。一番酷《ひど》かったのは夏休みから二学期の間で、徹底して、目を合わせないように万が一でも二人っきりなんてことが無いように気を張りながら過ごしていました。今はそれほどでもなく、事務的な会話(○○先生が呼んでたよ、とか)はあります。ですが、これから受験が終わりいよいよ卒業となるとなんとなく名残惜《なごりお》しいような寂《さび》しいような、ダメ元で告白でもしてみようか、でも急に避けられた相手から告白されて(しかも体は女)、そんなことをすれば彼女は混乱してしまいそう……と受験生なのにもかかわらず悶々としています。

どうしたら良いのでしょうか。ちなみに(読み飛ばして頂いて大丈夫です)僕はXジェンダーで(自分で勝手にそう思ってますが違うかもしれません)、男ではあるけど女の外見をしている自分が好きで、毎朝女装出来るのがとても嬉しいです。女としてかわいいと言われるのも好きだし、女子校に通える男もここまで完璧に女装出来る男も世界中探しても自分しかいないのでは……と誇りに思っています。でもかな子には男として、いや女としてでもいいからあわよくば自分のことを見てほしい……と願っています。

ももさん。告白しちゃいましょう。
いきましょう。ゴウゴウです。

青春時代は、「あと一年で会えなくなる、だったら今からそれに慣れておこうと思い、かな子を避けてしまいました」と考えます。

僕も考えてました。なるべく傷つかないように生きてきました。傷ついたら死ぬと思ってたんですね。でも、どんなに傷ついても、それだけじゃ、人間は死なないんですね。

そのことに気付くと、やがて、「やったことより、やらなかったことの方を後悔するんだ。やんないともったいないじゃん」と気付くようになるのです。しかしまあ、このフレーズ、『ほがらか人生相談』で何度も出てきますね。

特に、人生の残り時間が見えるようになると、痛切に思いますね。やればよかったなあ、なにを怯《おび》えていたのかなあ、とっととやって、それで後悔したかったなあって。

ここしばらく、ネットでは映画『ポカホンタス』の中の名言がツイートされていま す。大好きなグループの休止に対して悲鳴を上げている人々に向けた紹介です。「こんなに苦しむのなら、出会わなければよかった」と言うセリフに対して、「君を知らずに100年生きるよりずっとよい」と返すのです。

素敵な言葉です。

ただ、告白するのが入試直前だと、かな子さんもびっくりしたかもしれません。でも、もう入試は終わりましたね？　今なら、かな子さんの勉強の心配をしないで、心置きなく、告白できると思います。（連載時＝2019年3月）

もし、かな子さんが混乱しても、ももさんがこの相談で言っていることをちゃんと伝えて下さいね。

誠実に自分の状態を語ることが、ももさんの恋愛が真剣で本気だということをかな子さんに伝えることですから。

で、そこからどうなるかは、誰にも分かりません。「神のみぞ知る」という言葉がありますが、神様だって予測できないかもしれません。

でも、大丈夫。どうなっても、人を好きになるということは素晴《すば》らしいことです。

振られると、傷つくし、死にたくなるし、悲しくなるし、泣きたくなるし、人生が嫌になります。

でも、だからと言って、恋する気持ちをなくしてしまうと、人生の大切な部分を失ってしまうのです。

うまくいってもいかなくても、人を好きになることは素敵なことです。人を好きになると、それだけで毎日、生きていく気力がわきます。朝、起きることも平気になるし、食べ物も美味《おい》しくなるし、人生もがんばれるようになります。

傷つくことをおそれて、恋心から逃げてしまうと、本当に人生は灰色になるのです。

どうせうまくいくわけがない、どうせ愛されるはずがないと決めてしまって、恋愛から逃げてしまった人の人生は、本当につまらないと思います。じつにもったいない。

人を好きにはなるけれど、絶対に告白しない、ずっと片思いのままでいい、と思っている人もいます。

芸能人やスターを好きになって、それが活力になる場合なら分かりますが、身近《みぢか》な人なら、僕は「告白しちゃいなよ」と思います。

人生、何が起こるか分からないのです。振られる可能性がどんなに高くても、奇跡は起こるかもしれないのです。絶対に奇跡は起こらないとは誰にも断言できないのです。

人生、何回振られてもいいじゃないかと、ものすごく切ないけれど、僕は思うのです。

だって、好きになる気持ちは止められないし、止めたら人生つまらなくなるし、だったら、自分の感情に素直になった方がいいんじゃないかと思うのです。

ももさん。

どうか、どーんと当たってみて下さい。これからの人生、ももさんは苦労するかもしれません。

けれど、ももさんがどんなに困難な恋愛にぶち当たっても、恋する気持ちにずっと正直であって欲しいと思います。

うまくいってもいかなくても、人を好きになることは、素敵なことですから。

相談23

今年入籍をしたばかりの妻が、酒を飲むと暴言をはきます

30歳・男性　カッツェ

今年入籍をし、同居を開始しました。周囲から「新婚さん」とひやかされますが、早くもしんどさを感じています。理由は、酒に酔ったときの妻の苛烈《かれつ》な暴言にあります。

日頃は笑いの絶えない良い夫婦だなと居心地のよさを感じていますが、酔ったときに時折《ときおり》、彼女が突然怒りを爆発させ、どんな謝罪や弁解にも耳を貸さず、ただただ私をなじる時間が続くのがたまらなく苦痛です。

爆発のきっかけはその時々で違います。過去の交際相手に浮気されたから私のことも信じられないとか、過去に経済的に苦労して生きてきたから私の金銭感覚を疑うとか、彼女が自分の過去という色眼鏡《いろめがね》を通して私を見たときの日常の不信や不満が蓄積《ちくせき》

され、暴発《ぼうはつ》するようなのです。

私は妻に激情のまま怒るということをしたことがなく、初めて暴言を浴びた一夜は「キモい」だの「お前と結婚して失敗だった」だのと指輪まで突き返され、ショックで家を出ました。しかし更《さら》に恐ろしいのは翌朝です。本人は暴言の詳細を半分以上忘れ、「ちょっと言い過ぎた」くらいの認識で少し謝罪して仲直りできるものと思っていたのです。

暴発と話し合いを何度か繰《く》り返し、一時は離婚も真剣に考えましたがお互いに反省し、今は「お酒をしばらく控《ひか》える」ことを守ってもらい平穏に過ごしています。しかし、元々大の酒好きなのに禁酒を強《し》いるのが申し訳ない気持ちと、お酒はトリガーに過ぎないので根本的な解決に至っていないのではないかという不安から、今もどこか落ち着かない毎日を送っています。

巷《ちまた》の鬼嫁エピソードを読むと「こんなのかわいいもの」と言われる気もしますが、私が妻と向き合えていないのか、酒の問題なのか、解決の糸口を見つけきれず悩んでいます。

カッツェさん。大変ですね。
その後はどうですか？　奥さんはお酒を控えて、無事に生活していますか？
お酒は人を変えるとも、お酒は、その人の本心をさらけ出すとも言いますね。僕は、お酒は人を変えるのではなく、その人がふだん抑《おさ》えていることを解き放つと考えています。

日常は、自制心とか理性とか意志の力でコントロールしているのに、その抑制がお酒によって麻痺《まひ》するということです。

結果、「ああ、この人は、じつはこういうことを考えているのか」とか「こういうことをしたい人だったんだ」と分かるわけです。

ただし、ふだん、ものすごく自分を抑制していると、タガが外れた時、爆発的な発言や行動をすることもあるだろうと思っています。

あまりにも、日常、自分を抑えていたり、考えていることと正反対のことをしていたりして、ストレスがものすごく溜《た》まると、お酒の力を借りて爆発してしまうのです。
「自分が本当に思っていたこと」というより、それが拡大、過激になってしまった言葉や行動です。あまりのストレスに、過激な表現をしないと納得できなくなるのです。

「殴りたい」と思っていても、「殺したい」と言わないとスーッとしないというようなことです。

奥さんは働いていますか？

もし、働いているのなら、何かそこで激しくストレスが溜まることがあるのではないですか？

もし、働いてないか、職場は平穏なら、今まで生きてきた人生に、いまだ癒《い》えず、かかえきれない何かが心の奥底にあるのではないでしょうか？

または、カッツェさんとの関係に関して、言いたくても言えない何かがあるのでしょうか？

いずれにしても、奥さんは何かを激しく抑えているからこそ、お酒の力を借りて爆発しているのではないかと、僕は考えます。

「元々大の酒好きなのに禁酒を強いるのが申し訳ない気持ち」と書かれていますが、奥さんがお酒が好きなのは、ふだん、自分が言えない気持ちをお酒の力を借りて言えるから、という理由も大きいと思います。

「本人は暴言の詳細を半分以上忘れ、『ちょっと言い過ぎた』くらいの認識で少し謝罪して仲直りできるもの」と思っているということは、今まで、そうやってストレスを発散し、生きてきたという可能性が高いと思います。

奥さんは、そうやって、抑圧された人生を生き延びてきたのです。

言わなければいけない時に言わないで、後々、爆発して心の帳尻《ちょうじり》を合わせる方法です。面と向かって言いにくいことを言うのは激しいストレスです。そこをスルーして、関係のない夫で爆発するのは、一種の楽な生き方です。人間は、楽な方法を見つけると、それを繰り返してしまうのです。

奥さんの爆発を録画して、見せたことはないですか？

あなたはこんなことまで言っているのだと知らせることは、爆発の大きさを本人に知らせることになります。それは本人にとって、自分の抑圧を自覚する、とても有効な方法です。

カッツェさんの対応は素晴らしいと思います。

夫婦は、他人が一緒《いっしょ》になるのです。

予測のつかないことが起こるのは当り前です。価値観が違うのも当り前です。

そういう時、やることは、話すことです。話すことしかないと言ってもいいです。

よく離婚の理由で「価値観の違い」という言葉が出てきますが、他人同士なのだから「価値観が違う」のは当り前だと僕は思っています。

重要なことは、「価値観が違う」ということを前提《ぜんてい》に、関係を続ける意志があるのか、ないのかということです。

そのためにも話すことです。話すことでしか、関係を続けるのか終わらせるのかを決めることはできないのです。

今は、禁酒が続いているのですよね。ということは、アルコール依存症ではないと考えられます。

けれど、いつ、またお酒を飲んで、再爆発があるかもしれないと落ち着かない気持ちになるのはよく分かります。

カッツェさんが言うように、「お酒はトリガーに過ぎないので根本的な解決に至っていない」ということは明らかでしょう。

カッツェさんが、奥さんのことがまだ好きで、そして、これからの生活を続けたいと思っているのなら、いったい、奥さんは何を我慢し、なぜ自分の感情を抑えているのかを、とことん話すしかないのです。

「何かストレスがあるのか？」というような話をしたことはありますか？「どうしてそんなに溜まっているの？」というような質問です。

もし、まだなら、とにかく聞いてみて下さい。

そこで、奥さんが重い口を開いてくれれば、希望はあると思います。

生き方が下手《へた》なのか、何か深い心の傷があるのか、今現在大変な難題を抱えているのか、カッツェさんに何か言いたいのか。

もし、奥さんが「自分は何も我慢していないし、何も抑圧していない」と本気で言ったら、事態はとてもやっかいなことになります。

または、もうそういう質問はしていて、「べつにそんなことは何もない」と答えていた場合です。

一度や二度の質問の答えではないですよ。

何度も何度も話し合って、それでも、「何もストレスはない」と奥さんが本気で答えた場合です。

僕はそれでも、例《たと》えば、二人で心療内科などのカウンセリングを受けることをお勧《すす》めします。

どこまで話し続けるかは、カッツェさんがどれぐらい奥さんを愛しているか、どれぐらい二人の生活を続けたいと思っているか、で決まるでしょう。

どうか、カッツェさん。

ここまで話したのですから、もう一度、とことん話し合ってみて下さい。

関係を続けるにしろ、終わらせるにしろ、とことん話し合うことしか方法はない、と僕は思っているのです。

そして、とことん話し合えば、どんな結論になっても、受け入れることができるだろうとも、思っているのです。

相談24

高校時代の友人A子から絶交されました。A子のためにと言ってきたことが恨《うら》まれていたのです

28歳・女性　さやか

高校時代からの友人に絶交されました。友人は家庭環境に恵まれておらず、両親の愛情を感じられないようで、高校時代からとても辛《つら》いと言っていました。でも、いつもなるべく話を聞いて解決できるよう言葉をかけてきたつもりで、大学が別々になってからもずっと続く友達だと思っていました。

でも友人は違いました。大学生、社会人になるにつれ、だんだん連絡が薄くなっていったというか。でも時々メールで連絡はとっていました。最近、久しぶりに会おうよと誘って、夕食をいっしょに食べたのですが、近況などを聞いているうちに、なんかちょっと友人の雰囲気がおかしいなと。そしたら翌日、ラインに「あなたとは絶交します、もう二度と私に関わらないで」と入っていたのです。驚いた私は電話をかけ

たり、ラインで理由を何度も聞いたのですが、返事はきませんでした。1週間ほどして、メールが届き、思いもよらないことがたくさん書いてありました。

結局、「さやかはいつも上から目線で、話したくもないのに人の家のこととか根掘《ねほ》り葉掘《はほ》り聞いてきて高校時代から苦痛だった、とくに『子どもを愛さない親なんているわけない、A子の思い込みだ』という言葉にどれだけ私が傷ついたか。さやかの家《いえ》柄《がら》自慢も、もううんざり。独《ひと》りよがりのアドバイスで親友のふりをされても迷惑だから、二度と連絡してくるな」という、本当にA子が書いたのか、というきつい内容のメールでした。

私はこんなふうに思われていたなんてと驚き、家柄自慢なんてしたつもりはないのにと、ショックでした。時に厳しいことも言ったかもしれないけど、A子のためと思って言ってきたことが恨まれる事態になっていたのです。

いつも相談者の悩みに的確で優しいアドバイスをしている鴻上さんをスゴイと思います。私はなにがいけなかったのか、わかりません。どうしたらA子に私の真意を理解してもらえるでしょうか。人の相談にはどうのるべきだったのでしょうか。

さやかさん。混乱していますね。確かに、よかれと思ってやってきたことがうまく届かない時は悲しいですね。

人のことを思い、良い人生を送って欲しいと、さやかさんは思っているんですよね。とても優しい人だと思います。

でも、よかれと思ってアドバイスすることは簡単なことではない、ということを言いますね。うまく、この意味がさやかさんに伝わるといいのですが。

まず、さやかさんは「人の相談にはどうのるべきだったのでしょうか」と書いていますが、高校時代から最近まで、相談は、いつもA子さんから来ましたか？　それとも、A子さんが苦しそうだから、さやかさんの方から「どうしたの？　何があったの？」と話しかけましたか？

どっちの方が多かったですか？

A子さんが「さやか、相談に乗ってくれない？」と言って話しかけてきた回数と、「A子、どうしたの？　なんでも聞くよ」とA子さんに話しかけた回数、どっちが多かったですか？

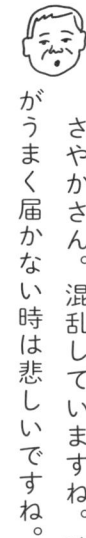

ひょっとしたら、さやかさんの方から「どうしたの？　何があったの？」と話しかけた回数の方が多かったんじゃないでしょうか。

それがなにか問題なのと思いましたか？　僕は、それはとても重要な問題だと思っているのです。

もちろん、さやかさんは、A子さんの状態を心配して声をかけたんですよね。顔色が悪かったり、悲しそうだったりしたら、何があったか、自分に何ができるか知りたくなりますからね。

でもね、悩みごとについて、自分から事情を説明しようと思うことと、周りから説明を促《うなが》されて話すことは、大きく違います。

僕は、今、たまたま人生相談のアドバイスをしていますが、日常からこんなことをしているのではありません。

誰かと一緒《いっしょ》に飲みに行って「何か相談ある？」なんてことは絶対に言いません。そんな人はうっとうしいじゃないですか。相手の顔色があんまり悪かったら、「どうしたの？」とは聞きますが、相手が何も語りたくないようなら、そこでやめます。それ以上は踏み込みません。たとえ、どんなに親しい友人でも、です。

そして、「相談があるんだけど」と言われた場合だけ、相談に乗ります。相手が話す気持ちになってないのに、「話してみて」「相談に乗るよ」「何でも言って」と言うのは、相手を苦しめることになると思っているのです。

だって、話すということは、自分の苦しみをもう一度確認することです。やっかいな状況と向き合うことです。それは、ある程度の精神的強さがないとできません。

その精神的準備が整ってないのに、「話して」と促されて話すのは、とてもつらいことです。ですから、僕は相手が話したくないようなら、深追いしません。

ま、簡単な言葉で言えば、「余計なお世話」はやめようと思っているのです。

そして、アドバイスをしても、それを最終的に実行するかどうかは、本人の問題だと思っているのです。

僕は、さやかさんの文章の「いつもなるべく話を聞いて解決できるよう言葉をかけてきたつもり」や「時に厳しいことも言ったかもしれないけど、A子のためと思って言ってきた」という表現が気になります。

「なるべく話を聞いて」あげることは素敵なことですが、「解決できるよう」にというのは、本人の問題です。どんな解決策を選ぶか、何をもって解決とするか、そもそも解決したいのか、話を聞いて欲しいだけなのかは、A子さん本人が決めることです。

また、「厳しいことも言う」のはアリですが、「A子のためと思って」という表現は、僕には少し過剰《かじょう》なお節介《せっかい》を感じます。無理解な親は、いつも「あなたのためと思って」と言いますからね。

「不幸な人がいたら、話を聞いてあげて、一緒に解決策を考える」ということを、さやかさんは当り前だと思っていますか？

でも、それは、不幸な人に「接する人」側から見た当り前で、不幸な人側の当り前ではない可能性が高いのです。「不幸な人は、自分を不幸な人だと思われることが嫌で、一緒に解決策を考えて欲しいなんて求めてない」なんて場合もありますからね。

さやかさんは、「家柄自慢」をしたつもりはないと思います。でも、立場が違えば、ただ事実を語っただけで自慢と取られます。だって、プロポーション抜群の人が自分のサイズを、太っている人の前でただ語るだけでも、自慢していると思われるでしょう。

体型にコンプレックスを感じている人の前で、どうしてもサイズを語らないといけない特別な事情がない限り、それは自慢だと取られます。

「子どもを愛さない親なんているわけない、A子の思い込みだ」という言葉は覚えていますか？　そんな言葉を言った記憶がない、と書かれてないということは、言ったということでしょうか。

残念ながら、子どもを愛さない親はたくさんいます。『ほがらか人生相談』にも、そういう親の問題は多く寄せられます。親だから子どもを愛して当然というのは誤解です。

もし、「独りよがりのアドバイス」というものがあるとすると、それは、相手の事情を想像しないまま、自分の当り前だけを前提《ぜんてい》にするアドバイスのことです。

さて、さやかさん。

ここまでの文章を読んで、「A子は、私が『どうしたの？』と聞いたら、いろいろと話してくれた、とても嫌がっているようには見えなかった」と、思ったでしょうか。

内心、嫌だと思いながら、それでも相手に頼って話してしまうことはあります。

僕は、39歳でロンドンの演劇学校に留学した時、「英語の戦場」で本当に苦しい思いをしました。

授業中より、休み時間が地獄でした。二十歳前後の若者の口語で早口の英語は、大部分が分かりませんでした。それでも、留学して半年ぐらいはなんとか食らいつこうとがんばりました。最初は、クラスメイトも気を使って、ゆっくり言ったり、簡単な言い方をしたり、繰《く》り返したりしてくれましたが、やがて、かまわなくなりました。だんだんと、休み時間、独《ひと》りでいることが多くなりました。そこで休んだり仮眠を取ったりして、集中力を回復させて、授業に使おうとしたのです。

でも、そうすると、淋《さび》しくなります。誰かに話しかけて欲しくなります。複雑な議論はできなくても、「調子はどうだい?」とか「ランチは何を食べるの?」なんてなにげない会話がしたいと心底思うようになります。

そんな中、クラスメイトであるイギリス人男性が時々、話しかけてくれました。ですが、彼には「かわいそうなアジア人をなぐさめている」という雰囲気がありました。イギリスの中流階級出身の白人として、クラスで唯一《ゆいいつ》のアジア人を心配しているという匂《にお》いでした。

別に自慢げとか偉そうな態度を取っていたわけではないです。彼の名誉のために言っておけば、彼はとても優しい人でした。だから、話しかけてくれたのです。

でも、どこか、「かわいそうなアジア人には優しく接しよう」という意識を感じました。それは、無意識の優越感だと思います。

本人に言っても、キョトンとしたまま、「だって、君はかわいそうだから」と答えるような雰囲気でした。

さやかさん。僕は生まれて初めて「人間として見下されるとはこういうことか」と感じました。

でもね、それでも、話しかけられることは嬉しかったのです。淋しさが紛《まぎ》れるから、たとえ、見下されていると感じていても、独りぽつんと中庭のベンチにいる僕に声をかけてくれることは嬉しかったのです。

これは、強烈な体験でした。あきらかに「かわいそう」と見下されている相手からでも、話しかけられると嬉しいという感覚。生まれて初めて経験する、予想もつかない感覚でした。

そして、すぐに、日本で例《たと》えば、道に迷っている目の不自由な人に「どうしました？」と話しかける時、僕には無意識の優越感がなかったのかと考えました。

お年寄りに話しかける時、ハンディキャップを持った人に話しかける時、対等な関係ではなく、「あなたを守りますよ」という無意識に見下す意識がなかったのかと。

たぶん、あったんじゃないかと思いました。

さやかさん。僕の言いたいことが分かるでしょうか？

「私にはそんな優越感なんてない」と思っていますか？　確かに、意識的な優越感はないと思います。

でも、「かわいそう。何かしてあげたい」と思うことは、とても気をつけないと相手を無意識に見下すことになるのです。

おそらく高校時代のA子さんは、ロンドンの時の僕のように、「見下されていると感じるけれど、話しかけてくれて嬉しい」という状態だったんじゃないかと思います。

そして、高校を卒業し、大学を経験し、社会人になって、対等に話してくれる人とA子さんは出会ったのでしょう。自分のことを不幸な家庭の出身で「かわいそう」だと思わない、アドバイスをしないといけないと思わない、身構えない人と知り合ったのでしょう。

だから、もうさやかさんと話したくないと感じたのだと思います。それを二人で夕食を食べながら確認したのです。

相手を「かわいそう」と思った段階で、対等な人間関係は結べないと思います。

「あなたのためにしている」と思った場合も同じです。

さやかさん。きつい言い方になったでしょうか。さやかさんが優しい人だということは明らかです。そして、幸福な家庭で育った人だということも。A子さんのことを本当に心配していることもよく分かります。

でも、これからは、「相談があるの」と言われない限り、自分から「根掘り葉掘り」聞くことはやめた方がいいと思います。そして、アドバイスしても、それを採用するかしないかは、相手が決めることだと思った方がいいです。

蛇足《だそく》なんですが、この無意識な優越感をこじらせた人を主人公に、アガサ・クリスティーが小説を書いています。『春にして君を離れ』という作品です。クリスティーですが、ミステリーではありません。

完璧な母親だと思っていた女性が、旅の途中、ふと自分と娘達との関係、夫との関係に疑問を持つ話です。

蛇足ですから、無理に読む必要はありません。ただ、さやかさんのような悩みと驚きは、決して、珍しいものではないということです。

A子さんとの関係は、残念ながら復活することは難しいと思います。A子さんは、さやかさんが優しくないとは思ってないのです。そういう意味では、真意は伝わっています。ただ、その優しさの伝え方が嫌だと感じているのです。

でもね、さやかさん。落ち込むことはないと思います。

ずっと先、さやかさんが「対等な人間関係」に敏感になった時に、A子さんと話す機会があれば、また友人関係が復活するかもしれません。

それまでは、A子さんのことを忘れて、さやかさん自身の人生を生きることを勧《すす》めます。対等な人間関係に自覚的になれば、素敵な友人とたくさん出会うと思いますから。

相談25

就活がうまくいかず、絶望的な気持ちです。前向きになれるための、気晴らし方法を教えてください

30歳・男性　ぼーず

焼き鳥チェーン店で5年働き店長にもなりましたが、2年前に過労《かろう》で体調不良を起こし、会社を辞めました。大学時代にアルバイトしていて、そこからなりゆきで社員になったのが間違いでした。もう、心身ぼろぼろでした。大好きだった彼女にも別れを告げられました。

ですが病院にも通い、最近、なんとか再就職のための活動を始めました。今度は本当に続けられる仕事、興味がもてる仕事、人間として扱ってくれる会社、と思って活動しているのですが、のきなみ落ちて、絶望的な気持ちです。

でも、もうちょっとがんばりたい、自分の道を見つけたい。鴻上さん、こんなときに前向きになれるための、おすすめの気晴らし方法があったら教えてください。この

鴻上さんの相談連載、読んでると本当に救われる気持ちになることがたくさんあります。ぜひ、僕にもアドバイスをお願いします！

…………

前向きになるための、気晴らし方法ですか。うーん。そんな特別な方法はないですねえ。

美味《おい》しい物を食べるとか、親しい友達と騒ぐとか、力をくれる名作の映画や演劇を見るとか、旅行に出るとか、有名な遊園地に行くとか、たっぷり寝るとか、好きな作家の小説を読むとか、美術館に行くとか、好きな音楽を聴き続けるとか、青空を見上げるとか、僕が落ち込んだ時にすることは、こんなことです。

あと、口癖《くちぐせ》として「大丈夫」と意識的に言うことです。放っておくと、「もうだめだ」と言いそうになる時、無理に「大丈夫」とつぶやくのです。

言葉というものは不思議なもので、「大丈夫」と言うと、本当にそんな気になってきます。なんとかなるという気持ちになって、パワーが出てくるのです。

だまされたと思ってやってみてください。

あと、「自分は、10年先から戻ってきたと思う」という方法も使っています。

ぼーずさんは、今、30歳ですが、本当は40歳だったと思うのです。で、本当は40歳だったのに、タイムマシンを使ったか、時間の奇跡が起こったかして、10歳、若返って今、いるんだと考えるのです。

どうですか？　本当は40歳だったのに、30歳に戻れたと思ったら、嬉しくなりませんか？　そして、まだまだやれるっていう気になってきませんか？

「もう30歳だ」と思うと、パワーが減ってきます。でも、本当は40歳だったのに、奇跡が起きて10歳戻ったんだ、「30歳に戻ったんだ」と思うと、まだまだやれそうな気になりませんか？

40歳の人が、「もう40歳だよ」と言うのではなく、「本当は50歳だったのに、10年、若返ったよ」と考えるのです。

50歳の人は60歳だったと、60歳の人は70歳だったと考えるのです。そして、「奇跡が起こって、10年若返った」と思うのです。

どうですか、ぼーずさん。いい気晴らしになるかどうか、ためしてみてください。

まあでも、30歳は本当に若いと思います。まだまだ何でもできる時期です。焦《あせ》らず、ゆっくりと。

あ、もうひとつ。0か100かと考えることをやめるってのも、結果的には気晴らしになります。

若いと、人生を「0か100」だと思い込みがちです。

「全然ダメ」か「最高」かの極端な二つになりがちです。

若い俳優は、例《たと》えば、二時間の芝居《しばい》の最初のシーンで失敗すると「あ、今日はもうダメだ」と演技を投げがちになります。

そして、夜、飲み屋で「今日は0点だった!」と悔《くや》しがるのです。で、うまくいった日は、「今日はサイコー! 100点!」と騒ぐのです。

でも、演出家としては、最初のシーンで失敗しても、投げ出さないで、なんとか踏《ふ》ん張《ば》って欲しいと思うのです。

人生は、0か100かではなく、48点とか76点とか54点とかで生きていくものだからです。いえ、生きないとしょうがないものだからです。0点か100点ですむのなら、こんなに簡単なことはありません。でも、中途半端《ちゅうとはんぱ》な68点でも必死に生きていかなきゃいけないから、人生はしんどいし面白いんだと、僕は思っています。

ぼーずさん。就職活動の中でも、そして、就職が決まっても、いろいろあると思い

ます。その時、０か１００という考え方ではなく、69点とか82点とかでうんうん言いながら生きていくコツをつかむと、ずいぶん、生きるのが楽になると思います。

どうですか？

ぼーずさんに、素敵な仕事が見つかることを祈ります。

相談26

発達障害と診断されました。死ぬまで白い目で見られなければならないのでしょうか？

21歳・女性　浅葱

新卒で採用された仕事で毎日ミスばかりしています。

周りと比べてあまりにも単純なミスを何度も繰《く》り返すものですから、優しい職場の方々にも呆《あき》れられてしまいました。業務内容はとても単純なものなのに、自分でもするべき事がわかっているのに、何度も同じミスを繰り返します。今は悪い意味で心が止まってしまっているのですが、4月頃は毎日家で泣いていました。

これはマズいと思い4月の終わりにメンタルクリニックを受診したところ、発達障害だと診断されました。本当は大学の頃からそうなんじゃないかと思ってはいたのですが、クリニックを受診するのにかなりの抵抗がありました。

クリニックではインターネットで受けられるものと同じ問診票《もんしんひょう》を書かされ、5分程

度で診断がおりました。

ストラテラ40ミリグラムを処方され4日ほど服用したところ、ミスが結構減り、これでやっと救われると思いました。今まで学生生活やアルバイトでずっと苦しんできたけどこれでやっと終わるんだ、普通の人と同じ生活が出来るんだと思っていました。でも、4日目以降から、副作用が落ち着いてくるのと同時に効果も感じられなくなってきました。同じようなミスをまた繰り返すようになったのです。自分用のマニュアル作りをする、許される限り残業させてもらうなど思いつく限りのことをしたがダメでした。これ以上もうどうしたらいいのか分かりません。最後の頼みが服薬でした。人は「一歩ずつ頑張るしかないよ」なんて言うけれど、そんな言葉なんの慰《なぐさ》めにもなりません。頑張っても出来ない、出来る気がしないから悩んでいるのです。

新卒で私と同じように悩んでいる人も居《い》るでしょう。ただ、私とその方達の決定的な違いは、その原因が脳の器質的《きしつてき》なもの（つまり、今後の改善の蓋然性《がいぜんせい》が低いもの）によるかそうでないかというところにあると思います。私は、私の先のなさが悲しくてつらいのです。

日常のミスを書き残したものを眺《なが》めていると、私は知的障害なんだろうか？　とさえ思うようになってきました。学業でそこまで躓《つまず》いた記憶はないのに、どうしてここまで何も出来ないのでしょう。日常会話の流れさえ摑《つか》めないことがとても多いのです。

これから毎日死ぬまで人に迷惑をかけ、白い目で見られながら生きていかなければならないのでしょうか?

転職したってダメな自分が付いてくるのでは同じだし、結婚したくても容姿《ようし》も醜いしコミュニケーションスキルも低いです。友達も趣味もお金もなく、生きていて楽しい事が一つもありません。

この絶望を解決する方法が自×以外《ママ》にあるのでしょうか。

薄々《うすうす》死ぬしかないと分かっているのに、いざ死のうとそういう場所に行っても死ねずに帰ってきてしまいます。親の介護、失敗のリスク、死ぬまでの苦しみ。死ぬのは思っていたより難しく、「まあ、無理になったら死ねばいいや」と思うことすら出来なくなってしまいました。

普通の人達は結婚に向けて着々と準備したり、キャリアアップの為《ため》に努力したりしています。私は発達障害という点を除いてもいろいろな部分が壊滅的《かいめつてき》におかしいのだと思いますが、具体的に何がおかしいのかも分かりません。

人生周回遅れのくせにリタイアすることも出来ず、他人に迷惑をかけながらゆっくり坂を下りていくしかない恐怖。どうしたらいいのか、どうかご教授ください。

………

浅葱《あさぎ》さん。大変ですね。本当に大変ですね。発達障害の専門家ではない僕が、どんな有効な言葉をかけられるんだろうかとずっと考えていました。

『ほがらか人生相談』が本になるタイミングで一冊の本と出会いました。

『発達障害グレーゾーン』（姫野《ひめの》桂《けい》著　特別協力ＯＭｇｒａｙ事務局　扶桑社新書）は、読まれましたか？

タイトルは「グレーゾーン」ですが、発達障害に苦しむ人達全般を対象にしています。

この本は、僕が読んできた発達障害に関する本の中でも、とても実践的で役に立つ内容だと思いました（僕は演出家として、あきらかに発達障害だと思われるスタッフや俳優と接してきました。ですから、発達障害に関する本をずっと読んできたのです）。

もし、浅葱さんがまだこの本を読んでないのなら、ぜひ、お勧《すす》めしたいと思ったのです（もし、もう読んでいて、それでも何も問題が解決しないと感じるのなら、ごめんなさい。その場合は、僕は浅葱さんにかける言葉がみつかりません）。

読んでないとして、本の内容を紹介しますね。

著者の姫野桂さんも発達障害ですが、こう書きます。

「私も当事者の一人として、もし、これを読んでいる人のなかに発達障害の方がいたとしても、『発達障害だからといって極度に落ち込む必要はない』と言いたい。発達障害は能力の偏《かたよ》りがあるという事実のみで、それ以上でもそれ以下でもないと、個人的には思っているからだ」

もちろん、精神論でこう言っているのではありません。

姫野さんが優《すぐ》れているのは、そして、この本が素晴《すば》らしいのは、発達障害と向き合う人達の様々な試行錯誤《しこうさくご》、対策、生き方をたくさん紹介していることです。

悩んでいるのが自分だけではないと知ることは、生きる勇気になると、これまでの『ほがらか人生相談』で書きました。

この本には、浅葱さんとまったく同じ困難や戸惑《とまど》いを抱えた人が何人も登場します。発達障害の結果、死にたいと思い詰《つ》めてしまう点も同じです。

学校の勉強はちゃんとできたのに、実社会に出て、戸惑う人達の例が多いです。「社会に出たとたん、マルチタスクをこなせなかったりケアレスミスが多かったり、人間関係でトラブルを起こしやすかったりして、発達障害の特性が表面化する」ことがあると、姫野さんははっきりと書いています。

浅葱さんの苦しみは浅葱さんだけの特殊な例ではないのです。都内で大学を卒業後、新卒で入った会社で人間関係に悩み、一カ月で退職した男性は、感銘を受けた一冊の本を紹介しています。

不登校になって15歳でコーヒーショップを構えた体験を綴《つづ》った岩野響《いわのひびき》さんの著書『15歳のコーヒー屋さん　発達障害のぼくができることから ぼくにしかできないことへ』（KADOKAWA）です。「発達障害を抱えてドロップアウトした人でも、特性を活かせば自分らしく生きられるのだと希望を持てた」と、この本を紹介した男性は話しました。

グレーゾーンの人達を対象にした茶話会「ぐれ会！」に体験参加し、そこで得た感想や対策も、『発達障害グレーゾーン』では紹介されています。

そこで語られる内容は、グレーゾーンの人達だけでなく、発達障害の人達にも参考になることです。

発達障害傾向の人達への就職支援をおこなう福祉サービスの企業も詳しく紹介しています。

また、自閉《じへい》スペクトラム症（ＡＳＤ）の傾向がある精神科医のインタビューも載っています。

発達障害の専門外来には受診希望者が殺到《さっとう》していて、一カ月分の受診枠が一時間で埋《う》まってしまうということも起こっています。

浅葱さんの診断が5分で終わったのも、医者だけを責《せ》めることはできないでしょう。

精神科医、メンタルクリニックの不足が一番の原因だと思います。

それでも、浅葱さんには、粘《ねば》り強く、ちゃんと話を聞いてくれるメンタルクリニックや精神科医を探すことを強く勧めます。

福祉サービス企業で働く男性はこう言います。

「発達障害って決して『発達しない』わけではないんですよ。僕は発達障害当事者の友人などから相談を受けたときに、半分冗談で『30代成人説で、気長《きなが》にやっていこう』などと言っているのですが、ほかの人よりも時間をかけてゆっくり発達していくんだと思ったほうが気楽になれるかもしれません」

苦しんでいるのは、浅葱さんだけじゃない。多くの人達が、浅葱さんと同じ体験をして、けれど、なんとかしようと戦い、踏《ふ》ん張《ば》っているのです。

「私は発達障害という点を除いてもいろいろな部分が壊滅的におかしいのだと思いますが、具体的に何がおかしいのかも分かりません」と浅葱さんは書きます。

著者の姫野さんは「発達障害そのものより二次障害のほうがしんどい」と説明します。発達障害の結果、失敗を重ねて自信をなくして卑屈《ひくつ》になったり、激しいストレスからさまざまな病気になったりする例です。

浅葱さんが苦しんでいるのは、まさに「二次障害」だと思います。

著者の姫野さんは書きます。

「『結局、自分のことを知った後に、どう自分が対処するか』その言葉にすべてが集約されているように思える」

これは、さまざまな発達障害の人達にインタビューし、生き延びるためのライフハックを教えてもらった時に、発達障害の人が口にした言葉です。

僕がアドバイスできるのは、「苦しんでいるのは浅葱さんだけじゃない。すでに、多くの人が苦しみ、そして、自分なりの方法でなんとかしようとしている。決して、独《ひと》りで苦しまないで。孤立しないで。適切な医者を見つけ、仲間を見つけ、共有する情報を見つける。それが、しんどいけれど大切なことだと思います」ということです。

あなたは発達障害の苦しみを知らないから、そんなことが言えるのだと思ったとしたら、その気持ちを共に語れる仲間を見つけて下さい。

苦しい時に、同じ苦しみを語れる誰かがいれば、なんとか生きていけるものです。共に語れる仲間が見つかることを、そして対処するライフハックがたくさん見つかることを心から祈ります。

相談27

両親が、よその国や人を馬鹿《ばか》にし、ヘイト感情に満ちた差別発言をします

33歳・女性　はらみ

自営業をしている実家は仕事中だけではなく、常に一日中TVをつけています。私が子供のころから朝のニュース、ドラマ、お昼から夜までずっとバラエティ番組を見ています（勿論《もちろん》、TVに夢中で仕事がおろそかだったり、家の事をないがしろにするなんて事はありません）。真面目《まじめ》に画面を見ているわけではなく、無いと落ち着かないBGMのようにただぼーっとつけっぱなしにしています。

私はTVより本やネットの方が好きなので、一緒《いっしょ》に情報バラエティ番組を見る、といった事はありません。しかし、ここ数年両親がよその国や人を馬鹿にした、とても差別的な意見を言う事がとても多くなりました。「あの国はこんなに汚くても平気で生活している、信じられない」「某国《ぼうこく》人は平気でうそをついて意地汚《いじきたな》くて、指摘され

ると逆に怒る」等、いわゆるヘイト感情に満ちた差別発言をするようになりました。私はTVニュースの他に新聞やwebニュースも読んでいるので、両親の意見が100パーセント正しいとはとても思えず、やんわりと「その国の人が全員同じ思想な訳ではなくて、報道で切り取られた一部の事なんだよ」と伝えても「いや、絶対そんな事は無い」と聞く耳を持ってくれません。

我が家はどちらかというと家族みんな仲が良く、両親も優しい性格で、喜んで人の悪口を言うような人ではありません。私ともしょっちゅう、くだらない冗談を言って笑ったりしているのですが、奴隷《どれい》や人種差別を扱った映画を観《み》ても、あの国の人は別と否定的な事ばかり言います。

試しに私も一緒にTVを見続けてみましたが、息をするように某国の細かいニュースが一日に何度も流れ（日本から離れている為《ため》かヨーロッパやアフリカの情報は一切ない）、コメンテーターが「こわいですね～」と言う具合の映像ばかりで見ていて嫌《いや》な気持ちになりました。TVをつけっぱなしの習慣は今更《いまさら》どうしようもないと思いますし、両親も過激な活動家になる元気も無いので私が聞き流せばいいだけかも知れません。両親の偏見《へんけん》は私が何度、やんわりと話をしても意固地《いこじ》になってしまうだけなので、思想を変えたいとまでは思いません。ただ、TVの情報を鵜呑《うの》みにして、他の国の悪口を言うのをやめて欲しいだけなんです。

………

はらみさん。はらみさんの悩みは、まさに今という時代を表していると思います。

御両親は、特定の国への憎悪《ぞうお》を語りながら、同時に、日本という国がいかに素晴《すば》らしいかを語っていませんか？

ただ、特定の国の悪口を言うだけ、という例は少ないと思います。

特定の国の悪口を言いながら、「ところが、日本は素晴らしくて」と話は続きませんか？　その時、両親の顔はどことなく誇《ほこ》らしく輝いていませんか？

残念なことに、そして悲しいことに、特定の国への憎悪を語ることが、同時に、日本という国を愛している、という表明だと思っている人が多いと感じます。

本来は、自分の国を愛することと、他国のことをどう思うかは関係ないと思うのですが、自分の国を持ち上げるために、周りの国を落とすことが一番簡単で分かりやすい方法なのでしょう。

つまりは、特定の国の悪口を言う人達は、悪口を一番に言いたいのではなく、一番は「日本という国は素晴らしい・私は日本を愛している」ということで、そのために、結果として他国の悪口を言っているのじゃないかと思います。

周りの子供をけなして自分の子供を自慢するとか、周りの仕事をけなして自分の仕事を自慢するという場合、言いたいのは、周りの悪口ではなく、自分の子供や仕事の自慢ですからね。

一番言いたいことが、日本や子供や仕事の自慢だとすれば、つまり、とてもポジティブなことだとすれば、その目的のためにはどんなにネガティブなことを言っても気にしない、という人は出てくるでしょう。

気持ちはポジティブに向いているのですから。

でも、周りで聞いている方はたまったもんじゃないです。はらみさんのつらさは、簡単に想像できます。

でも、どうして、ひとつのことを自慢するために、別のことをけなさないといけないのでしょう。

自分の子供が、毎回、テストで１００点を取っていたら、それだけで自慢です。他の子供をけなす必要はないでしょう。

でも、毎回、70点だとしたら、「他の子供は、50点しか取れてない」と、比較したくなるでしょう。

70点というのは、じつに微妙《びみょう》で、それだけでは単純に自慢できないから、他のダメな例を出して、引き上げないといけないわけです。

もっとも、点数は、じつに分かりやすいですが、現実には、点数はつきません。日本が何点で、中国が何点で、アメリカが何点、なんて分かりやすい指標《しひょう》はありません。GDPが世界何位だろうと、住みやすさとか、文化状況とか、自然とか、食べ物とか、総合的に「明確な点数」なんて、国につけられるはずがありません。

はっきりとした点数がつけられないということは、100点を取ったかどうか分からないわけですから、自慢しようとしたら、常に比較する必要が出てくるわけですね。

自慢したいのに、正確に評価する指標がない場合は、他の悪口を言って、自分を引き上げるという手順ですね。

でね、問題は、「どうして自慢したいのか?」ということなのです。

「自慢したい」という動機があるから、いろいろと問題が起こっていると僕は思います。自慢したいと思わなければ、他の子供も他人も他の国もけなす必要がないのですから。

と言いながら、人は自慢したい生き物です。

もちろん、100メートルを9秒台で走れるとか、ギターが超絶《ちょうぜつ》に上手《うま》いとか、三カ国語を話せるとか、年収1億円あるとか、とびきりの美形、なんて人は、自分が自慢する前に周りからほめられます。

ほめられて手にするのは、自尊《じそん》意識とか肯定《こうてい》感とか充実感とかです。つまりは、「自分の人生は意味がある」という貴重な感情です。

何も自慢することがない人も、この感情は欲しいです。いえ、何も自慢することがなければないほど、「自慢する」という感情は欲しくなります。そういう人は、自慢して、ほめられて、「自分の人生に意味がある」と誰かに言って欲しいと激しく求めます。誰にもほめられない平凡な人生は、充実感とか肯定感とかが欠落していて、だからこそ、自慢できることを渇望《かつぼう》するのです。

学校時代は明確な点数や席次《せきじ》が「自慢する指標」でした。卒業した後は、多くの人は、明確な「自慢する指標」に迷います。つまり、自分の人生を（他人の評価で）肯定できる、納得できる指標を探して、さまよい始めるのです。

仕事の売り上げや年収を「自慢する指標」にする人もいるでしょう。「結婚相手のステイタス」を「自慢する指標」にする人もいるでしょう。SNSのフォロワー数や「いいね」の数を「自慢する指標」にする人もいるでしょう。（困難ですが）「自慢する指標」を探すゲームから降りようとする人もいるでしょう。

それらによって、自慢し、ほめられて、人は人生の充実感や肯定感を得るのです。

けれど、とりたてて、「自慢する指標」を見つけられなかった一部の人の中には、「日本人である」ということを「自慢する指標」にする場合があるのです。

べつにみじめな人生を送っている人が、この指標を選ぶ、というわけではありません。自分の商売の売り上げより、「日本人である」ということの方が大切だと思えば、この指標を選ぶのです。

作家の橘 玲《たちばなあきら》さんは、そういう人達のことを「日本人アイデンティティ主義者」と名付けました。

じつに秀逸《しゅういつ》な表現だと思います。

橘さんの本『朝日ぎらい　よりよい世界のためのリベラル進化論』（朝日新書）に

よれば、元は、ニューヨークタイムズのコラムニスト、デイビッド・ブルックスが、南北戦争の南軍の英雄、リー将軍の銅像の撤去に抗議して暴力行動を起こした人達を「保守的な白人アイデンティティ主義者」と呼んだことが始まりです。

日本人である、ということが唯一《ゆいいつ》の自慢である、唯一の自分自身の存在意義である、日本人であるということ以外に誇るものがない、という人達が、「日本人アイデンティティ主義者」です。

そして、「日本人アイデンティティ主義者」の人達は、必然的に「隣国への敵対的傾向を持つ愛国者」になるのです。自国を愛するために他国を憎《にく》むことが必要だからです。

はらみさん。御両親は、自分自身の人生の「自慢の指標」として、他国への悪口を選んだのだと思います（愛国者という誇りのためですから）。

ですから、愛国者以外の「自慢の指標」を見つけられることが、他国への悪口をやめる唯一の方法なのです。

けれど、それを見つけることはなかなか難しいと思います。

はらみさんの御両親になにも自慢するものがないからではありません。御両親が何を自慢にしたいか、ということは、御両親の内面の問題であって、はらみさんが強制したり、決定できるものではないからです。

ある日突然、ボランティア活動にはまって、「自分の活動がいかに地域にとって重要か」を語る日が来るかもしれません。その時は、ボランティア活動で自己肯定感を満足させているので、他国の悪口を言うことで自分を高めようという欲求はおさまると考えられます。

でも、そんな日はまったく来ないかもしれません。それは、御両親を強制的にボランティア活動に連れて行ったからといって保証できることではないのです。

はらみさんができることがあるとしたら、御両親に多趣味な活動を勧《すす》めるぐらいです。歌舞伎《かぶき》のチケットを買って渡すとか、面白そうな特集をしている美術館に一緒に行くとか、社交ダンスとか趣味のサークルを紹介するとか、とにかく、「日本人であることの自慢」以上に何か興味のあることを見つけてもらう手助けをする、ということです。

じつに遠回りな方法ですが、他に僕は有効な手段が思い浮かびません。

最近のテレビは、びっくりするぐらいヘイトを増産しています。以前は、ネットにはまってヘイトに染《そ》まってしまう人の方が身近《みぢか》でした。

心配するのは、人間は同じことを言っていると飽《あ》きてくるということです。御両親は、やがて、隣国への単純な悪口を言うだけだと「日本人である自尊心」を満足させられなくなると僕は予想します。

結果として、「ネトウヨ」と呼ばれる人達の発言を復唱《ふくしょう》するようになるのではないかと思うのです。

その時のために、一冊の本を紹介します。

『歴史戦と思想戦 ── 歴史問題の読み解き方』（山崎雅弘《やまざきまさひろ》著　集英社新書）です。

この本は、「日本人アイデンティティ主義者」の人達が独断と偏見で語る「歴史」に対して、「事実」と「論理」によって、丁寧《ていねい》に理性的に歴史を検証したものです。

はらみさんの御両親にこの本を勧めても、読むことはなかなかないでしょう。でも、はらみさんが読むことで、揺《ゆ》らぐことなく御両親と向き合えると思います。

悲しくなったり、くじけそうになった時に、支えになる知識を与えてくれる本だと思います。

そして、元気を維持しながら、御両親が何か「自慢したくなるもの」を探し、アドバイスできたらいいなと思うのです。
長い戦いですが、疲れず、諦《あきら》めず、粘《ねば》り強く向き合うしかないと思います。

相談28

なにかとひどい言葉をかけられ、つけこまれます。この舐《な》められやすいキャラを変えたいです

22歳・女性　タミ

いつも相談者へのあたたかさにあふれた言葉に癒《い》やされています。

私の悩みは、なにかとつけこまれやすい、言われやすいということです。私はたぶんどんくさくて、そしてちびデブです。中学生の頃から部活やサークルのなにか頼みにくい役割があれば私にまわってくるとか、それだけならまだしも、男子に、ひどい言葉でからかわれたりして、ひそかにトイレに行って悔《くや》しくて泣くこともありました。

一度は同じクラスの女の子に貸した授業のノートを返してほしいと言ったら「ごめん、A子もコピーしたいって。貸しちゃった」と、勝手に別のクラスの人間に貸して、結局ノートの行方《ゆくえ》がわからなくなってそのまま返ってこなかったこともあります（私はその単位を落としました）。

私の悩みを知っている友達は「タミはなんでもニコニコ受け入れちゃうのがダメなんだよ。タミも舐めたことは言わせないっていう雰囲気《ふんいき》にしなくちゃ」と言います。

でもその雰囲気はどう作ればいいんでしょうか。それに私はどんくさいキャラのせいか小学校のとき友達があまりできなくて、母の「なるべくニコニコしてなさい」という教えを実践して、今までなるべくニコニコ笑って、そうしたら友達ができたのです。ニコニコもしなくなった私になにが残るでしょうか。

でも、このままだと悔しかったり哀《かな》しかったりすることばかりなので、来年社会人になるまでに、このつけこまれるキャラは、変えたいです。もし方法があればどうか教えてください。

タミさん。タミさんは、良い友達を持っていると思いますよ。
僕も友達のアドバイス、「タミはなんでもニコニコ受け入れちゃうのがダメなんだよ。タミも舐めたことは言わせないっていう雰囲気にしなくちゃ」に、大賛成です。
子供の頃は、お母さんのアドバイス「なるべくニコニコしてなさい」は、有効だったと思います。でも、大人になったら、どんな時でもニコニコしていることは不可能です。だって、ニコニコできないことも言われるし、されるからです（いえ、子供時代も、本当は嫌《いや》な事、受け入れたくない事はあるのですが、なんとなくうやむやにされることが多いのです）。

子供は、とんでもないことを言って相手が受け入れても、そのとんでもなさに気付かないことが多いです。

でも、大人は違います。あきらかに理不尽《りふじん》なことを言っているのに、タミさんがニコニコ受け入れると、「あれ？　この子、なんでこんなことされて笑ってるの？　壊れてるの？　それとも、よっぽど自分に自信がないの？　便利な人だなあ」と思うのです。

それが、タミさんの言う「つけこまれるキャラ」ということです。

問題は、「なんでもニコニコ受け入れちゃう」ことです。お母さんも「なるべくニコニコ」と言ってくれているじゃないですか。「なんでも」と「なるべく」は違いますね。

でも、「舐めたことは言わせないっていう雰囲気」を作ることを目的にしてはいけないと思います。「おらおら、舐めるなよ」という雰囲気は、怖いです。そんなキャラクターは、タミさんには似合《にあ》わないと思いますし、別の意味で人間関係に苦労すると思います。ニコニコしている人の周りに人は集まるのです。おらついている人の周りには来ません。

じゃあ、どうするかというと、「イヤな時はイヤと言う」だけです。頑固《がんこ》なまでに、どんくさく、とにかく、イヤな時には、イヤなんだと言うのです。

ノートを勝手に回した友達が、心から謝《あやま》ったのなら、ニコニコと受け入れましょう。でも、その謝り方が中途半端《ちゅうとはんぱ》だったり、行方不明になったノートの探し方が全然必死じゃない場合は、きっぱりと、イヤと言いましょう。なんと言われても、頑固に怒りましょう。これは、どんくさい人だからできることです。自分の感情に、不器用《ぶきよう》なまでにしがみつくのです。

高校時代、僕には大好きな古典の先生がいました。いつもニコニコと授業をしていたのですが、一度、クラスメイトが授業中に騒いで、授業を壊しかけたことがありました。あまりにも優しそうな先生に見えたので、生徒が舐めたのです。

でも、その時の先生の怒りはすごかったのです。日常は、じつは不器用で、教え方もあまりうまくありませんでした。ただ、人間的な魅力で僕は大好きだったのです。

その先生が、怒りました。それは見た事もない顔でした。後々、先生は校内誌の自己紹介で、自分のことを「鈍牛《どんぎゅう》」と称し、「普段は大人しいし、なかなか、怒らないのだが、一度怒ると手がつけられない」と書いていました。僕は、「なるほど、普段、寛容《かんよう》な人は、我慢の限界に来ると、噴火《ふんか》するんだ」と思いました。

いつもニコニコしていて、優しいだけと舐められていた先生は、その一度の噴火でイメージががらりと変わりました。でも、授業では相変わらずニコニコしていました。生徒達の態度が変わっただけです。

タミさん。社会人になっても、普段は、今まで通り、ニコニコしていることが素敵だと思います。その結果、また友達ができるでしょう。

でも、はっきりと「イヤだなあ」とか「理不尽なことを求められている」と思ったら、それを口にするのです。それは、ワガママでも勝手でもありません。

大切なことは、ただ怒るのではなく、ちゃんと理由を言うことです。

貸したノートの場合は「あなたが勝手に友達に貸したんだから、あなたがノートを探し出す責任があるよ」と言うのです。ただ怒るだけだと、周りは、「タミが怒ってる」だけですますかもしれません。タミとは友達をやめようと思うかもしれません（まあ、それでもまともな人は理解してくれるんですけどね。でも、多くの人にタミさんの怒りをアピールして、友達関係を維持しながら舐められなくなるためには、周りに「なるほど。タミの怒っている理由はもっともだ」と思わせることです）。

ふだんニコニコしているけれど、理不尽なことにはちゃんと怒れる人――それが素敵な社会人だと思います。

大丈夫。一度、ちゃんと怒ったら、僕の大好きだった古典の先生のように、周りはちゃんと理解して、舐めない態度になります。でも、一度でも自分に嘘《うそ》をついて、または弱気《よわき》になって、理不尽を受け入れてしまうと、周りのタミさんに対するイメージは決まってしまいます。そして、理不尽を押しつけられて、舐められ続けてしまうのです。

同じグループなら、本気の戦いは、ただ一度。そう思うと、気が楽でしょう？ イヤなことはイヤと、堂々と言って下さい。そこから、楽な人生が始まると思います。素敵な社会人生活になりますように。

あとがきにかえて

「人生相談に答えるのは大変でしょう」と、いろんな人に言われました。正直に言うと、そんなに大変ではありません。それは、僕がずっと演劇の演出家をしているからだと思います。

22歳で劇団を旗揚げして、演出家になりました。俳優とスタッフは全員、二十歳前後でしたから、それはもう、青春の悩み真《ま》っ只中《ただなか》で大騒ぎでした。

いろんな人がいろんな悩みを、僕に語りました。みんな若かったので、俳優としてのプロ意識はまだ徹底していなくて、演技に集中する代わりに、日常のいろんなこと、ささいなことから重大なことまで、いろいろと相談されました。

そのたびに、一生懸命、答えました。答えなければ、劇団が潰《つぶ》れる、なんていう状況も何度もありました。

一時期、言葉は悪いですが、まるで自分がゴミ箱（正確に言えば「痰《たん》壺《つぼ》」）になったような気持ちになったこともありました。

みんなが僕に思いのたけを吐《は》き出して、それが僕の身体《からだ》の中に、ドロドロと蓄積《ちくせき》している感覚でした。

でも、僕は演出家で、劇団の演出家というものはそういうものだろうと思っていました。

「ああ、これは墓場まで持っていく秘密なんだな」という相談を受けたことは何度もあります。

「これは、ただ聞けばいいんだ。彼／彼女はとにかく話したいんだ」と分かった時もあります。ただし、一生懸命、必死で聞かないとダメなんだと発見もしました。

相談を受けてアドバイスする時に、「人は、他人を説得する方法で説得されやすい」と気付いたのは、二十代真ん中辺りでした。

情熱的に他人を説得している人には、情熱的に言えば説得しやすい。論理的に他人を説得しようとしている人には、論理的に説得すれば説得しやすい。そう気付いてからは、よりアドバイスがしやすくなりました。

劇団以外の公演を演出するようになると、同世代だけではなく、うんと下だったりかなり上だったりする俳優さんやスタッフの相談も受けるようになりました。

18歳の新人俳優の相談を聞いた次の日に、六十代のベテラン俳優の悩みを聞いたりしました。

回答は、いつも、「できるかどうか」を基準にしました。理想だけを語っても、どんなに勇気づけても、できないことはできないものです。

芝居《しばい》は毎日、行われていて、相談してきた人は、明日も、芝居をしなければいけません。そういう時に、「がんばれ」とか「我慢したら」とか「死ぬ気でやれば」とか、そんな言葉はあまり意味がないのです。

もし、『ほがらか人生相談』を受け入れてくれる人が多いとしたら、演劇の現場のリアリティーに、僕が鍛《きた》えられたからだと思います。

演劇という人間と人間がぶつかる場所で、なんとかギリギリの落とし所を見つけようとして、観念的ではなく、理想論でもなく、精神論だけでもなく、具体的で、実行可能な、だけど小さなアドバイスをずっと探してきた結果だと思います。

ツイッターでは、『ほがらか人生相談』の回答を読んで「私だったら、こんな人は絶交」とか「こんな奴《やつ》とは一瞬で別れる」とか「俺なら、こいつと口きかない」とか書いている人がいます。

そんなことができたら、どんなに簡単かと、演劇の現場を思って溜《た》め息《いき》がでるのです。

プロの現場は、どんなに嫌《いや》な人がいても、どんなに対立しても、どんなに怒っても、幕を開けないといけません。幕が開いて、恋人同士の役なら、楽しく会話しなければいけません。

ならば、その嫌悪《けんお》や対立や怒りを、少しでも減らしたり、折り合いをつけたり、しばらく忘れたり、どうにかこうにか解決する方法を考え出さないとしょうがないのです。

結果的に、僕は約40年間、ずっと、人生相談に答えてきた、ということみたいです。

そして、こんな形で、正式な（？）人生相談として、読者と出会うことになるなんて、人生は何が起こるか分からないなあと思っています。

もし、僕の回答が役に立ったとか、有効だと感じている人がいるのなら、演劇の演出家としてずっと歯を食いしばって悩みに答えてきたかいもあったと思います。

ツイッターで「鴻上さんの人生相談に相談を送りたいのだが、これといって相談したい悩みがない」という文章を見ました。

幸福なツイートだなあと、顔がほころびました。

人生は、いろいろと大変ですが、知恵と経験を使って、なんとか、ほがらかに生きていきましょう。

どうしても難しい時は、相談を送ってきて下さい。数が多くて答えられないかもしれませんが、悩みを言葉にすることは、自分の感情と向き合うことです。相談というちゃんとした形で、内面を対象化することは、混乱した悩みをクリアにしていくことです。

それだけでも、ずいぶん、状況は変わると思います。

この本が、あなたの人生の何かに役立つことを祈っています。んじゃ。

鴻上尚史

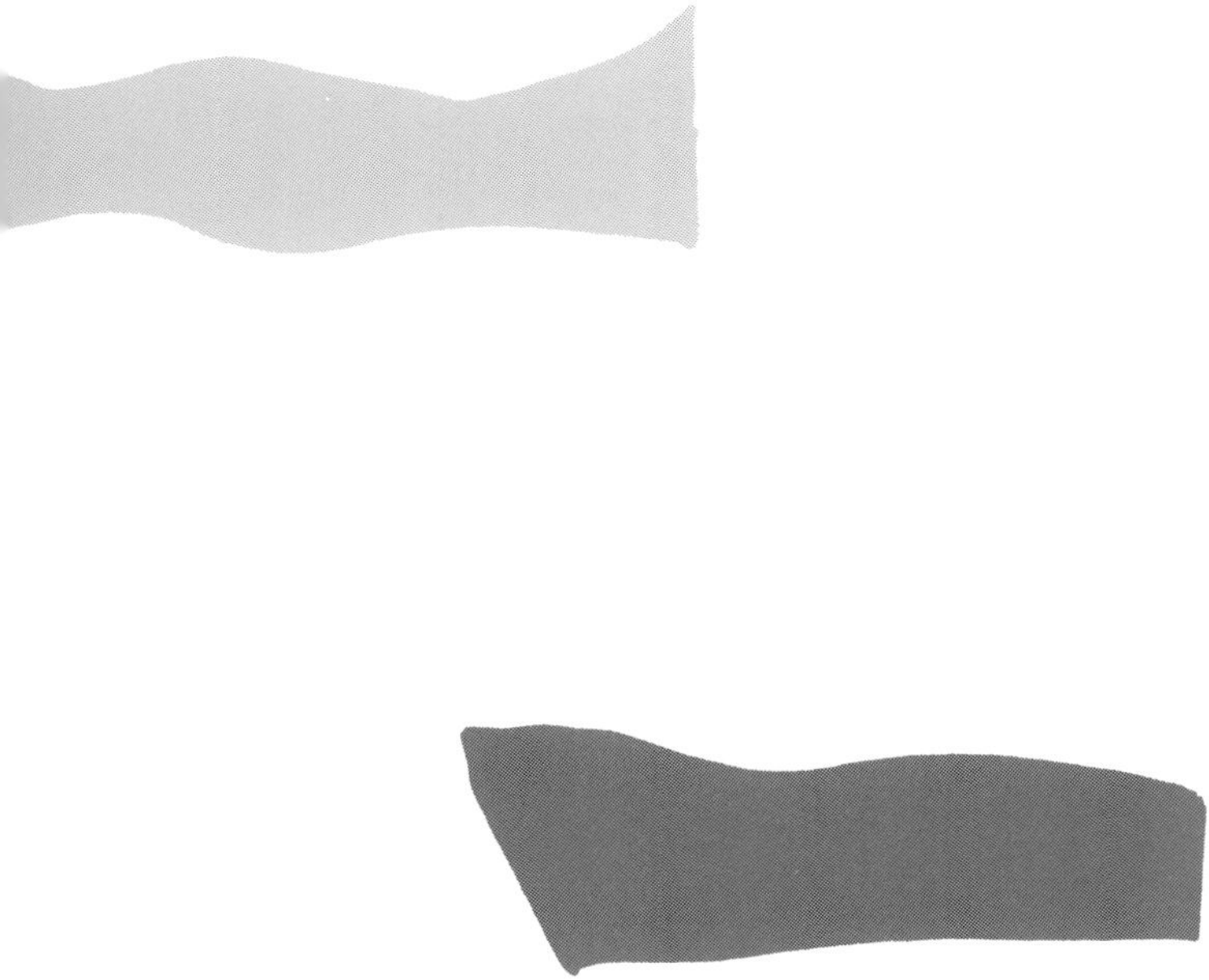

＊本書は月刊誌「一冊の本」
およびニュースサイト「AERA dot.」に
2018年8月〜2019年4月まで掲載された
同名タイトルの連載を一部修正し、
新規原稿を加えたものです。

イラストレーション
佐々木一澄

ブックデザイン
鈴木成一デザイン室

校閲
若杉穂高

編集
内山美加子

鴻上尚史
（こうかみ・しょうじ）

作家・演出家。1958年、愛媛県生まれ。早稲田大学卒。在学中に劇団「第三舞台」を旗揚げ。95年「スナフキンの手紙」で岸田國士戯曲賞受賞、2010年「グローブ・ジャングル」で読売文学賞戯曲・シナリオ賞。現在は、「KOKAMI＠network」と「虚構の劇団」を中心に脚本、演出を手掛ける。ベストセラーに『「空気」と「世間」』、『不死身の特攻兵〜軍神はなぜ上官に反抗したか』（共に講談社現代新書）、近著に『「空気」を読んでも従わない〜生き苦しさからラクになる』（岩波ジュニア新書）、『ドン・キホーテ走る』（論創社）などがある。Twitter（@KOKAMIShoji）も随時更新中。月刊誌「一冊の本」（朝日新聞出版）、ニュースサイト「AERA dot.」で『鴻上尚史のほがらか人生相談〜息苦しい「世間」を楽に生きる処方箋』を連載中。

鴻上尚史《こうかみしょうじ》のほがらか人生相談《じんせいそうだん》

息苦《いきぐる》しい「世間《せけん》」を楽《らく》に生《い》きる処方箋《しょほうせん》

2019年 9 月30日　第1刷発行
2019年11 月30日　第3刷発行

著者
鴻上尚史

発行者
三宮博信

発行所
朝日新聞出版
〒104-8011 東京都中央区築地5-3-2
電話 03-5541-8832（編集） 03-5540-7793（販売）

印刷製本
中央精版印刷株式会社

Published in Japan by Asahi Shimbun Publications Inc.
ISBN978-4-02-251631-2
定価はカバーに表示してあります。

落丁・乱丁の場合は弊社業務部（電話03-5540-7800）へご連絡ください。
送料弊社負担にてお取り替えいたします。